The Shanghai Sketch Collection
Yabuno Masaki

上海スケッチ集

藪野正樹 絵と文

論創社

上海近郊の古い水郷・周荘にて。

材拠点の
マップ
二期《アールチー》を中心に
ビビ!!
ブブ
パパ
ジョギングならココだネ
新紅桥中心花园
伊《イ》犁《リ》路
上海は本当に広くてスケッチした場所を入れたマップを描こうと思ったけどやっぱり無理!! 詳しくは地図を見てくださいネ。
不《プ》好《ハオ》意《イー》思《ス》
上海は好きだけど
古い建物が多い
い英国建築
虹桥路（ホンチアオルー）
宿題が山ほど出る
古い建物が並んでいる
古い時代のヨーロッパ建築 フレンチレストランとして今も現役。上海にはこういう店が多い。
空地だったがビルが建つだろうネ
オシリバクハーツ
REO
上海市9区と大体の位置です
高層マンション
瑞《ルイ》仕《シー》花《ホア》园《ユエン》
の棟の高いへや
絵を描いていた
ネコが多い所
会もできる野外
ールもある
は車道だから
断に注意
外灘
市9区
上海タワー
実際には海のように広い
動物園
豫園
黄《ホワン》浦《プウ》江《ヂアン》
虹橋空港
古北新区
浦東空港
植物園
七宝老街（閔行区）
我《ウオ》不《プ》哭《クー》
取材によく付合ってくれたマゴのミレイ
この地図じゃどこにも行けないじょ
まだ幼稚園児
masaki yabuno

旨い店が多い
水城南路（シュイチャンナンルー）
どんどん北へ行くと蘇州河。その辺りの仁恒河浜花園が新しい取材拠点
因为忙于工作
歩きながら食べる人も多い
サッサッ
いつも大渋滞のハイウエー
筆者が通っていた語学学校スターマンダリン
古北路《クーペイルー》
ぼくの娘
だれにでも你好言うな！
你好
你好！
画画儿吗？
サッカー練習場
上海チームNO.1
少年サッカーが盛んだ
RIKI
日本領事館
兴义路
上海世貿商城
延安西路
延《イエン》安
トイレ
地下鉄伊犁路
金珠路《ヂンチュールー》
地下道→
地下
コーヒーケーキの高級な店
モーニングもある有名
上海高島屋
毎日のぞいていた
紅《ホン》宝石《パオシー》路《ルー》
現在は万科広場・水城南路へ移転
栄華東道
日本人が多いネ
紹興酒がメーンの居酒屋
古北国际花园
やはり高層マンション
スクールバスの発着→
ベーカリーも多い
花屋
日本人向きのスーパー
黄《ホワン》金《ヂン》城《チャン》道《タオ》
この道は遊歩道ではない
歩《プー》行《シン》街《ヂエ》（車は不可）
ワインバー
イタリアンのテラス
アイスクリームの屋台
美容院とか歯科が並ぶ
でも遠い
七宝老街《チーパオラオジエ》はあっちだよ
地下鉄がおすすめ

古北路×延安西路

交通量が激しい大通り・延安西路から一歩中に入ると、
こんなヨーロッパのような風景に出会う。
古い保存建築だが、人が住んでいる。
この一角にクリニックがある。

復興西路

さすがは国際都市。ベルギー料理店などもある。
モダンジャズのライブをやっている小さな店も少なくない。
秋に訪れると並木の紅葉が美しい。

新紅橋中心花園・東

歴史的な建築物が交差点にある風景。
フレンチレストランとして使用されている建物もある。
上海では街路樹など街の木々も大切にされている。

四川中路

外灘の裏道。
この建物は現役のホテルというから驚く。
「上海－南京鉄道」のオフィスもここにあった、とボードに記されていた。

黄金城道の歩行街

医院や歯科、美容院などが多い地区。
手入れが良く、ゴミも落ちていない。
夕刻になると塾通いの子どもたちと母親の姿が多い。
朝は上海の喧噪が嘘のような静けさだ。

紅宝石路×玛瑙路

朝の通園・通学バスのラッシュアワー。
バスは正確にやってくる。
園児・学童が乗車するまで大人が付き添わなければならない。帰りも同じ場所。
スクールバスは日本と違ってボンネットタイプがほとんど。

〔扉画〕
上海から日帰りできる観光地・周荘。古い水郷の町として知られている。
昔の上海を思い出す古老も多いとか。

まえがき

『マニラウォッチング――素顔のフィリピン』(一九八六年)というタイトルの本を論創社から出して、もう三〇年近くになる。アジアものの出版物がブームになった先駆けの本の一つと自負している。

その後、シンガポールをあちこちと取材したが、これは本を書くためではなく、スケッチをするためで、その一部はシンガポール航空の絵はがきになった。その頃から、画業の方が主になってきた。

上海とのいきさつは、かれこれ二〇年前、上海を取り巻く水辺の風景を描きに、蘇州、杭州の西湖などを旅した。さらに数年前から、次女の家族が商社マンの夫の海外赴任により上海で暮らすようになったので、頻繁に上海を訪れるようになった。

娘はシンガポールで中国語を学び、その後九年、そこで仕事をしていたので、中国語に不自由はしていない。さらに上海でも学んでいるところなので、中国語の底知れぬ深さに、ただただ感嘆するのである。

上海でスケッチする以上、ぼくも中国語が必要なので、この数年、中国語の学習にはまりこんでいるが、娘の子どもたちに発音を直されるぐらいだから、自慢はできない。

しばらく、ご無沙汰していた論創社だが、画家の弟・健が友人の作家・井上明久さんと同社の代表、森下紀夫さんを訪ねたことから、ぼくの話が出た。そこで、ぼくも森下さんに連絡したことから久しぶりに本を出そうということになった。本書はこうして生まれた。

中国に関する本は、色々な分野の専門家が書いておられ、多くの書籍があるが、ぼくが書く上海は思いつくままのスケッチで、テーマも好き勝手に選んでいる。要するに、「ぼくが読みたかった上海もの」に仕上げてある。楽しく読み飛ばしていただけるなら幸甚である。

「中国が好きか」とよく聞かれるが、好きなところと嫌いなところがあって、針が揺れ動く。今のところは「好き」……。

文中の漢字は、日本漢字で表記し、必要と思われるものものは中国で使用されている簡体字も付記した。ピンインは正しく発音する上で重要だが、学習していない方向けに、中国語の読み方の目安としてカタカナのルビを付けた。しかし、カタカナのルビでは声調を表記できないなど正確な発音を表せないので、あくまで「目安」と考えていただきたい。興味のある方は、中国人の知人に発音を確かめていただきたい。

二〇一六年夏

藪野　正樹

古北新区の遊歩道、黄金城道

（第 1 章■ 4〔p.29〕）

上海スケッチ集

もくじ

まえがき I

第1章 上海スケッチ

第2章 街を歩く

Shanghai

第3章 上海人気質

Shanghai

第4章 中国料理と上海の料理店

第5章 中国語について

第6章 在上海日本人の生活

七宝老街の街並み

（第 1 章■ 5 〔p.33〕）

Shanghai

第1章

上海スケッチ

■1　奇妙なデザインの上海タワー

外灘《ワイタン》へ行くと、嫌でも目を惹くのが上海タワーだろう。正式には東方明珠電視塔（东方《トンファ》明珠电视塔《ミンヂューディエンシーター》）という。電視塔はテレビ塔のこと。形状は串団子のようで、テレビ塔としては異形《いぎょう》に思える。

この奇妙な塔は、一九九四年に上海のシンボルとして建造されたもので、二〇年以上経った今日では、外灘の見慣れた風景の一つになっているようだ。

ぼくが初めてこれを目にしたときは、外灘に建ち並ぶ歴史的建造物の雰囲気にそぐわない奇をてらったデザインに思えて、見て見ぬ振りをしてきた。現代建築には奇抜さが売り物のものが結構多く、ぼくの目には安っぽく映るのである。

そういうわけで、ぼくは長らく無視を決め込んでいたのだが、ＮＨＫラジオの語学テキスト『まいにち中国語』（二〇一四年八月号）で、そのデザインのいわれが紹介され、少し

外灘に行ったら、まずは「上海タワー」が一望できるこの広場だろう。
記念写真の人気スポットで、国内外の観光客で連日賑わう。
置き引きも多いので、ベンチに荷物を置きっぱなしにしないこと。
ここからの夜景もおすすめ。夜は濁った水も奇麗に見える。

見方が変わった。

それによると、タワーのイメージは、なんと唐代の詩人・白居易《はくきょい》の漢詩によるものらしい。長編の漢詩『琵琶行』の一節に、「琵琶の太い弦、細い弦を交互に弾くと、まるで大小の真珠が玉の盆に落ちる音と同じようだ」というくだりがあるそうで、そうした琵琶の音色をイメージしたものだという。

それを知って改めて眺めてみたが、そう簡単には串団子の印象は消えなかった。奥が深いデザインかもしれないと外灘へ行くたびにじっと見つめるのだが、修業が足りないのか、いまだに白居易の詩まで到達できない。

さて、球体は大小併せて一一個ある。タワーは観光トンネルをくぐった浦東《プートン》にある。前出のテキスト『まいにち中国語』の主人公たちは素直にタワーを楽しんでいるので、ぼくも彼らに習って素直にスケッチブックを開いて描いてみた。

観光ガイドブックなどでおなじみの外灘の風景。
この裏手にもスケッチしたい建物が多い。
人がもっと多いが、絵では省略してある。
絵を描いているとたちまち人々が寄ってくる。

■2 新紅橋中心花園《シンホーンチャオチョーンシーンホワユエン》

上海には、よく整備された大小の公園が多い。どれもかけがえのない市民の憩いの場である。日本からの観光客がわざわざ訪れるとは思えない公園を一つ紹介しておこう。

地下鉄一〇号線で「伊犁路《イーリールー》」下車、地上に出ると、そこが新紅橋中心花園《シンホーンチャオチョーンシーンホワユエン》である。「伊犁」というのは、新疆《しんきょう》ウイグル自治区のイリ地方のことで、駅名は公園の東の通りの名前から来ている。上海の街路名は中国各地の地方名を付けたものが多い。

公園の場所は虹橋路《ホンチャオルー》と延安西路《イエンアンシールー》にはさまれた一画で、古北新区《クーペイシンチー》の高島屋《ガオダオウー》の地下道からも行ける。かつて娘たちが住んでいた古北新区のマンションの二七階の北側ベランダから一望できたが、木々の緑と中央にある池がなんとも絵心をそそるので、何枚も描いた。

マンションのベランダには小さなテーブルと椅子があったので、スケッチしてきた絵の仕上げをする小さなアトリエのようなものだった。今も懐かしく思う。

新紅橋中心花园。ウォーキングやジョギングに人気がある広い公園。
公園設計が見事で１日いても飽きない。
トイレも大きく清潔。上海高島屋から近い。

この公園はマンションから近いので、何度も足を運んだ。園内の散歩道は散策にはもってこいのすぐれた設計だと思う。ジョギングをする人、孫の手を引くお年寄り、お弁当を広げる家族づれと、市民に親しまれている。

中央の池は残念ながら濁っているが、噴水はきれいだ。魚を釣っては、また池に戻す人たちもいる。夜は街灯がいくつも点いて、ロマンチックな雰囲気になる。

マラソンをやっている高校生の孫が遊びに来たときは、毎朝この公園で走っていた。この公園のトイレは管理人がいて、清掃が行き届いている。

ぼくは公園からの帰りは、地下道を抜けて高島屋の地下にあるシンガポールから出店しているコーヒーショップに寄って、そこでシンガポール流カフェオーレを飲んでひとときを過ごしたものだ。

またもや新紅橋中心花园のスケッチ。
中央左の古い英国式建築はよく保存されている。人は住んでいない。

古北新区のマンションから眺めた新紅橋中心花园。
周囲に保存建築が多い事に気づく。

■3　上海植物園《ヂーウーユエン》と新婚さんのアルバム撮影

上海学・初級の頃の恥ずかしい思い出の一つに、上海植物園《ヂーウーユエン》がある。西も東も分からない外国では、スケッチの第一歩は、植物園に限る。行けば必ず描くものがある。

その日は、あてにしていたガイド役の都合がつかず、冒険心もあって、独りで行動せざるを得なかった。

言葉に自信がない、土地勘がない、下調べもほとんどしていない。そして単身の行動となれば、ほとんど無謀に近いのだが、ままよと、上海高島屋《ガオダオウー》の近くからタクシーに乗った。話に聞いていた通りの物凄い渋滞に出くわした。

地図で見るとそれほど遠い距離ではないが、着くのに、うんざりするほど時間がかかった。今なら地下鉄で行く。植物園の最寄りの駅から歩くことになるが、大したことはない。

植物園で、入場券を買おうとすると、係のおばさんが言っていることがよく分からない。

しきりに言うのは「一九〇〇なんとか」だ。植物園の入場に二〇〇〇元《ユエン》近くかかるとは信じられない。気を取り直して、知るかぎりの中国語を駆使して、何度も聞き返した。

そして、ついにおばさんが言っていることが判明した。

「一九〇〇何年生まれなの?」と尋ねていたのだ。

初級中国語が何とか、通じた感動の一瞬だった。生まれた年号から、高齢者の部類に入れば、入場料が半額になるというものだった。同僚のおばさんたちも、仏頂面をやめて、しばし大笑いとなった。

場内を歩き始めると、例のおばさんが駆け寄ってきて、「そこの園内バスに乗りなさい。園内はとっても広いから」と教えてくれた。今度は理解できた。

園内は、とにかくだだっ広い。上海動物園のパンダのような見ものがない。仕方なく、別料金で入った盆栽が展示された庭園は、盆栽の趣味がある人には見所であるのかもしれないが、生憎、ぼくにはその趣味がない。「お金返して」と言いたくなるほど、つまらないものだった。

平日の植物園は、人でごった返す上海のイメージがまったくないほど、閑散としていた。

絵になりそうな場所の、木陰のベンチには中年のカップルが、大声で話に熱中していて、動く気配はゼロ。仕方なくどんどん歩く。園内だけで、一万歩以上歩いた。

ロケーションが良い場所では、一群の若い男女が何かしていた。撮影だった。ウエディングドレスにタキシードという男女を、カメラが執拗に追っていた。撮影の合い間に、スタッフが化粧を直し、衣裳を整える。録音器材がないところを見ると、映画の撮影ではない。雑誌のグラビアか、結婚式場のコマーシャルフォトか？

ＯＫが出ると、モデルの女性がドレスを脱ぎ、丸めて、その辺に放り投げる。スタッフがそれを拾い、別の現場へ向かう。ドレスは化繊《かせん》で作られた相当の安物と見た。レンズを通すと、絹かサテンにみえるのだろう。

あとになって知ったのだが、これは結婚アルバム用の撮影だった。モデルは結婚の当事者そのもの、花嫁と花婿だった。中国では、金に糸目をつけず、絢爛豪華な結婚アルバムを作るのが、近年の傾向だという。それも多くて数冊。分厚い表紙に、金色を惜し気もなく使った印刷で、用紙も最高級のものだ。

新天地《シンティエンディー》や田子坊《ティエンヅファン》、外灘《ワイタン》などの人気スポットで、この手の撮影現場に出くわすことがあ

上海植物園。とにかく広大で、歩き疲れる。
平日は人出が少ないが、ここというスケッチのポイントが見つけにくい。

植物園の撮影スポット。
中央の人影は結婚アルバム用の撮影をする人たち。

る。外灘・黄浦公園《ホアンプーゴンユエン》から蘇《スー》（苏）州河《チョウハー》をまたぐ有名な外白渡橋《ワイバイドゥーチャオ》の真ん中で、車の流れが途切れた一瞬を狙って、モデルのカップルがポーズを取ると、カメラマンがシャッターを切る現場を目撃した。新郎新婦も命懸けだ。

アルバムは基本的に数冊しか製作しないが、大金が投じられるので、ここにも日本のアルバム会社が進出している。日本の零細企業もたくましいではないか。

さて、くだんの植物園。もっと時間をかけて観察すれば、何か大発見があるのかもしれないが、この日は歩き疲れた。とにかくスケッチを二枚描いた。帰りに、「入園料おばさん」にまた会った。笑顔で「拜拜《バイバイ》、気をつけてね」と言ってくれた。拜拜は「バイバイ」の音訳。上海植物園での、恥ずかしくも懐かしい思い出である。

■4　古北新区《クーペイシンチー》のプロムナード

高級マンション群が林立することで知られる古北新区《クーペイシンチー》のほぼ中央に、相当に幅が広い遊歩道、黄金城道《ホワンヂンチャンタオ》がある。遊歩道を挟んで、日本食材スーパー、美容院、歯科医院、ベーカリー、コーヒーショップ、イタリアンレストラン、CDショップ、花屋、不動産屋など、やや高級そうな店が、マンションの一階に軒を連ねている。

人が多い上海のイメージからは想像ができないほど、日中は人通りがまばらで、静かなプロムナードである。絶えず清掃しているので、ゴミも落ちていない。最近は韓国系の店が驚くほど増えた。

大きな樹木も多く、あちこちに花壇がある。奏楽堂がある公園や遊園地もある。早朝の公園では、ラジオの音楽に合わせて太極拳など、体操をするグループが見られる。幼稚園・学校が退《ひ》けた夕方は、大人の監視付きの子どもたちが遊びに興じる笑い声が響く。

朝の黄金城道。
広い遊歩道で道を挟んでやや高級な商店が軒を連ねる。
日本人向けのスーパーもある。

黄金城道にはレストランやバーの人気店も点在する。
正面のイタリア料理店が「ザ・テラス」。予約して行きたい。

ここをのんびり散歩していると、ヨーロッパの街にいるような錯覚を覚える。実際、この界隈に居住する欧米人も多い。「国際都市・上海」を実感する場所の一つである日本食材を置いている小型のスーパーの近くは、猫がやたら多く、これが人懐っこい。ベビーカーに買物を積んで、通り掛かった中年の婦人が、立ち止まってパンなど与えたところ、ベビーカーの中まで猫が入って来て、今度は追い払うのに苦労していた。

この遊歩道には、イタリア料理店が二店あるが、「テラス」は、予約が必要な人気店で、若い主人は横浜に住んだことがあるとかで、日本語もできる。客扱いが良く、土産に大玉のレタスを友人ともども貰ったことがある。美容院は、中国語しか通じないが、娘に借りたカードを持参したら、ポイントが貯まっているからと、無料だった。

長く上海に滞在するなら、仕事を離れた日に散策してみるのもいいスポットだと思う。

■5　古い上海の名残りを探して「七宝老街《チーパオラオジエ》」へ

「古い町を描きたいなら、ここへ行ってきたら」と、通っていた語学学校の受付の若い娘が、メモをくれた。くりっとした目が可愛らしい、小柄な子だったが、聞けば日系企業のサラリーマンの亭主がいて、日本人だという。道理で日本語の片言を話す。

その学校の生徒は、断然、駐在日本人の奥さんが多いので、初級クラスを受講する人には、日本語が少しでも分かる、こういう受付け嬢が必要なのだ。

そこで、古北路《クーペイルー》でタクシーを拾って、メモにあった七宝《チーパオ》へ向かった。彼女は「地下鉄九号線で行けば、遠くナイ」と言ったが、当時のぼくは地下鉄なんて、乗り方がよく分からないし、面倒なのでタクシーばかり使っていた。上海のタクシーは、日本と比べればうんと安いし、空車も多い。

相変わらずの大渋滞で車が進まない。本当に目的地に向かっているのかどうかも分からない。牛歩《ぎゅうほ》状態で、ごみごみとした町並みの風景は、どこまでも同じだった。「七宝方面」という標識を見るたびに、少しは安堵する。

結局、一時間近く車内に閉じ込められた。運転手は息をしていないようにずっと無言というのも、怖い。やっと「老街《ラオジェ》だよ」と。親切にも車の進入禁止区域ぎりぎりに着けてくれた。

来てみたら古いお寺がある門前町だった。浅草並みの人の波。上海人にとっては、郷愁をそそる町なのだろう。雰囲気は、規模が小さな「乌镇《ウーチェン》」「周荘《チョウチュアン》」といったところ。日本人観光客は見かけなかったが、聞けば「行ったことがある」という人も少なくなかった。

家族連れ、孫の手を引くお年寄り、若いカップルもいる。服装センスは、どう見ても街の人ではないようだ。とにかく、つまらない場所でも立ち止まって、携帯で撮る。「はい、チーズ！」、中国語バージョンでは「イー・アール・サン、チエズ（茄子）！」で、歩きにくいことこの上ない。

人混みが少なくなったところで、改めて町を眺めると、濁った川を挟んで、今にも倒れそうな商店が肩を寄せあっていた。美容院ならぬパーマ屋、刺青屋など、奇妙な店だらけ。

「老街」という名の通り、昔の庶民の街。
近代都市・上海にもこういう街が残されているのに感心する。
昔からの上海人にとって郷愁を感じさせるスポットだという。
かなりの人混み。この場所は街の中心から外れていて、
お年寄りの占い師が路上で客待ちをしていたが、
描き上げる間に客は一人も来なかった。

川辺には、汚い赤い絨毯が干してあったりする。

川岸は、観光地らしく歩道が整備してあり、ベンチもあるが、目にする風景は、ロマンチックとは程遠い。飛行場が近いので、時折、旅客機が頭上をかすめる。

町の方へ足を向けると、狭い道路を挟んで、小さな店がぎっしり並んで雑踏する商店街があった。田舎の夜店でしか目にすることがないような衣類、雑貨、食品など、B級商品の見本市の様相である。

土産にするのだろうか、ここで買い物をして、大きなビニール袋を下げて歩く人が多くて、歩きにくい。スケッチするスペースはどこにもない。

川辺に戻って、人が少ない場所を捜して、スケッチブックを広げた。見ると、川を背に、占いをするお年寄りたちが、一定間隔でゴザに座って、来そうもない客を待っていた。

彼らが一人ずつやって来ては、ぼくの絵を覗く。寒いので、じっとしてると鼻水が出るのは、お互い様。だが、あまり近寄って見物されると、絵の上に鼻水が落ちないか、心配になる。水彩画なので、落とされたらかなわない。

色々と話しかけてくるが、言っていることが、まったく分からない。普通の中国語で

「聴いても分からないよ（听不懂《ティンプトン》）」と言うと、彼らはうなずいて黙ってくれた。ここは上海語（上海方言《シャンハイファンイエン》）の世界のようだった。

とてもじゃないが、上海語の学習までは手が回らない。

■6　やはり上海は魔都なのか

「そのSさんという人、あんなアパートに住んでいるんじゃないかな」

娘が指差す先を、タクシーの窓から眺めると高層ビルの谷間に、懐かしいとしか言いようのないオンボロアパートの群れが、生き残っていた。ひと昔前なら、東京都内の、どこにでもあった木造モルタル造りアパートに大同小異。三階建てで、上の階へはむき出しの鉄製階段で昇る。窓に、ペンキを塗った鉄の桟《さん》が歪んで取り付けられている。

恐らく風呂もシャワーもないだろう。エアコンが付いている部屋もあるが、鉄屑同然。

せいぜい送風の機能ぐらいはあるのだろう。住んでいるのが中国人なら、「経済大国超特急」に乗り遅れた一般庶民と思うだけだが、こういうアパートに住む日本人がいるという。といっても、怪しい仕事をしている人たちや、落ちこぼれの日本人の話ではない。大方は、日系企業の元駐在員だと聞く。でも、なぜ？

ぼくが、上海滞在中によく寄る喫茶店がある。店の一階はベーカリーショップで、レジで飲み物を注文する。サンドイッチなどをつくる調理室もあって、二階の喫茶室で何か食べる場合は、その窓口で注文すると運んでくれる。

働く従業員は、地方の出身者のようで、上海では珍しく愛想がいい。日本人の客が多いためか、店の軒先に両替え屋が二～三人、いつも客待ちをしている。顔見知りになると、彼らも目で挨拶する。

半螺旋《はんらせん》の、急な階段で二階に上がる。喫茶室は思ったより広く、ソファーもある。ほとんどの客が日本人だ。

留学生だろうか、若い日本人女性たちが、宿題をしたり、楽しそうにお喋りをしている。教科書、ノート、電子辞書など、テーブルに広げた持ち物から学生だと分かる。

南側は一面、ガラス窓で、寒い季節はポカポカ暖かい。窓越しに眺めるマンションの庭木が美しい。ここは間仕切りしてあって、喫煙も可。一列に並んだテーブルからは、日本各地の訛りも混じった会話が聞こえる。

そこで本を読んだり、ノートをとる初老の日本人を見かけることがあった。ある日、その人の横のテーブルに座った。ぼくは、いつものように語学教室の予習を始めると、横から「あなたも勉強に来ているのですか」と、声をかけられ会話に応じた。Sさんという名だった。

「日本人が恋しくなると、この店に来るんですよ。今は酒の付き合いもなくなりましたからね」

Sさんは、もと日本の会社の駐在員で、中国のあちこちに赴任、最後の八年は、「中国で一番好きな街」だという上海だった。「勉強は苦手だったのですが、上海に住む理由づけとして、今はこれしかないので」と笑う。定年を迎えて、年金暮しになると、「上海に戻りたい気持ちが日増しにつのって、とうとう単身で戻ってきた」と言う。現在六八歳。奥さんは、上海の暮らしはまっぴらとかで、日本で暮らしている。奥さんには退職金のほとんどを渡したそうだ。

「駐在時代と違って、マンション生活はできないが、大学に聴講に通っている分、気持ちは豊かですよ」と言う。風呂は日本式のスーパー銭湯へ行く。

大学では、中国語の歴史や漢詩を学んでいるという。以前勤めていた会社から、アルバイトで来ないかという誘いがあるが、「勉強の気分が壊れる」と断る。

Sさんのように、引退後は上海に住んで勉学をするという高齢者がそこそこいるという。

上海の魅力については、人それぞれ意見が異なる。ぼくは、上海の「雑然と整然」「進歩と停滞、逆行という時間の流れの混在」、そして「気楽ないい加減さ」といった人間の本質にも似たところに惹かれるのだが……。

上海は昔から「魔都」と呼ばれるが、現代でも、人を引きつけて離さない、という意味では魔都なのかもしれない。

ところで、文中のベーカリーショップ兼喫茶店だが、何か家主とトラブルがあったらしく、店に貼り紙がいっぱいしてあって、一時休業していたが、つい最近、店が再開しているのを発見して嬉しかった。

■7　老外街《ラオワイジェ》

街を知らないと、どこが都心なのか分からなくなるのが上海だ。上海高島屋《ガオダオウー》があるところは、どう見ても都心には思えないが、ガイドブックでは副都心に位置するらしい。

老外街《ラオワイジェ》は、観光地の一つだが、なぜこんな取り柄のない、雑然とした街にあるのか、ぼくには分からない。ここにあるというには、それなりの歴史があると思うが、調べてみる気は起きない。

老外街というのは、欧米風レストランを狭い通りを挟んでぎっしり並べた、映画のセットを思わせるような嘘っぽいレストラン街である。入ってすぐ、客車をレストランにした店があって、これが通りのランドマークだ。

道は突き当たって折れたり、カーブしていたりと、散歩気分には悪くはない。たしかに、ローマかパリの下町の雰囲気はある。どの店もオープンテラスがあって、初夏や初秋の夕闇迫る頃には寄ってもいいだろう。

道の中ほどに、上海ビール醸造所という店があるが、ここがまあまあ絵になる。ただ、ぼくは上海ビールなど聞いたことがない。ビールなら、上海でも青島ビールに席巻されていて、日本には出ていない大瓶や生ビールまであって、どこでも飲める。

この日は朝から雨で、店は一斉に休みだった。それで普段は人混みで描けないスケッチができた。

だが、通りが嘘っぽいとか、セットじみているとか、悪態をついた罰が当たって、降りしきる雨の中、タクシーの空車がみつからなかった。仕方がない、大通りに架かるギシギシ音がするのが不安な、幅の狭い歩道橋を渡って、はるか彼方の家に向かって歩いた。

やっとの思いで、黄金城道《ホワンヂンチャンタオ》の端にたどりついて、前に寄ったことがある居酒屋で青島ビールを飲んで、一息ついたのである。とにかく背負った画材が重過ぎる。無論、年のせいである。

上海の街は、地図（中華地图学社出版）で見ると近くても、実際には相当な距離感があるのは、どういうことだろう。

ヨーロッパのどこかの国の飲食店街を思わせる「老外街」。
欧米人で賑わっている観光名所の一つ。映画のセットのような通りだが、
初夏の夕べにオープンテラスで生ビールのジョッキを傾けるのも悪くない雰囲気。
この日はたまたま一斉に休店日のようで人気《ひとけ》がなかったが、普段は人が多い。

■8 豫園《イーユエン》と豫園商場《イーユエンシャンチャン》

ぼくは昔から、観光名所といわれるところが嫌いで、国の内外を問わず寄り付かないことにしている。一つには、人混みだ。そういう状況ではスケッチができないだろうということが、まず頭をよぎるのである。ぼくにとっては、絵が優先するのだ。

豫園《イーユエン》も、本で読んで歴史は知っていたものの、上海に行くようになっても長い間足が向かなかったのだが、娘が幼児を連れて商場《シャンチャン》で買物するというので、付いて行った。運転手付きの車を利用するというのも、気に入った。行ってみると、豫園は確かにすごい建築群で、圧倒され茫然となった。

正門前の広場で、娘から「用足しに行くから、子どもの手を絶対はなさないで」と言われ、子どもの手を握り直した。なるほど、ひどい人混みで、子どもをさらわれたらもう手の打ちようがない。怪しげな人もうろうろしているように思えてくる。

「シャチョーサン、ニセモノトケイ、ガクワリサービス」
中年の男が寄ってきた。「学割」に思わず笑った。「我現在没帯銭包了《ウォシエンザイメイタイチエンパオラ》！（今財布持っていない）」と言うと、男は「最近、日本人の団体が少なくて困ったもんだ」と愚痴った。「学割ってなんだ」と聞くと「日本語で安いという意味だろ」と言う。まあ、分かりやすいからそうしておこう。

シャオロンポーの店には長い行列ができていた。中国人も並ぶんだ、と言ったら失礼だろうか。

豫園の後、商场を見学した。豫園の西隣に広がる一大商店街である。大昔の見事な都市設計に感心した。とにかく、あらゆる専門店が細分化されて集合する様は、すさまじいとしか言いようがない。その気になって捜せば、欲しいものを扱う店が必ず見つかる。日本の大型店も、ここでは入り込む余地がない。まさに「上海の浅草」である。

絵筆も、その他の画材も、額縁も、クリスマス用品も、カレンダーも、ついでながら中華料理店の店内で見かけるすべての装飾品が、ここで揃う。それぞれの店舗は狭くて小さいが、どんどん商品が入荷して、それを地方へ出荷する。直接仕入にくる地方の業者もいる。爆買いの原型、ここにありの様相だ。

　小売りが主とはいえ、眺めていると、ひと昔前の、日本の繊維問屋街の活況ぶりを思い起こす。いらぬ世話だが、混沌とした商品が織り成す店内に目をやると、棚卸しなどできるのだろうかと考えてしまう。いや、商才に長けた上海商人のことだから、抜け目なくやるのだろう。

　商品の動きが激しいので、歩道にも運搬用バイクや自転車が停まっているし、積み荷満載の小・中型のバンやトラックなどの往来が激しく、道路を横断するにも、相当の覚悟がいる。

　娘は、何を爆買いしたのか、両腕に持ち切れない程の買物袋を抱え、さらに額縁屋へ。この店は珍しく暇そうだ。二〜三回しか寄ったことがないと言うが、店のおばさんは娘の顔を見ると、読んでいた『上海画报《ホアパオ》』とかいう雑誌を脇にやると、「欢迎光临《ホワンイングアンリン》（いらっしゃい）！」と笑顔をみせる。

　はがきサイズ用の額を数点と、一九三〇年代の外灘《ワイタン》の写真も見つけて買う。ぼくも。古い写真を額に入れてもらう。「割引き（减价《ジエンジア》）するからね」という。

豫園の入口近くで。ここを出るとすぐに雑然とした豫园商场が広がる。
爆買いとまではいかないが、ついあれこれと買ってしまう。
ぼくも娘たちも、商场は大好き。値引き交渉のかけ引きには中国語が必要だ。

額は安物だが、マットを入れると、見場は悪くない。この商场では、定価では品物を買わないのが客の常識とか。馴染みになると、黙っていても値引きするが、そのあとも交渉次第で、駆け引きも買物の楽しみのうちだという。

近くの筆屋で、水彩用の細筆を数本買う。商品はむき出しで、輪ゴムどめ。ほこりを被っているが、コリンスキーの毛は本物。安いが、ここでもさらに値引きしてくれた。

どれも小さな店なので、トイレはなく、近くのマーケットに行って、そこのトイレで用をたす。入り口にトイレ番のおばあさんが座っているので、机の上に一元《イーユエン》硬貨を置く。

「子どもは無料（免费《ミエンフェイ》）だよ」

と言う。トイレは古いが掃除は行き届いていた。

買物が終わって車を捜すと、来た時に決めた場所でちゃんと待っていた。さすがはプロのドライバー、混雑する道路でよく駐車できたものだ。

■9　上海、冬の夜景《イエジン》——美しいが、大気は有害《ヨウハイ》

上海はきれいな大都市である。初めて訪れる人は高層ビルが立ち並ぶ近代都市の景観に戸惑うかもしれない。上海には山がなく、起伏も少ない。濁ってはいるが、川も流れている。街の緑は多く、大木が多い。中国人は樹木を大切にする人たちである。街路樹も四季を通じて美しい。

その街路も日夜、清掃車が行き交い、放置されたゴミは少ない。主な通りには間隔をおいて大型のゴミ箱が設置され、タバコの吸い殻を捨てる器も付いている。公園もあちこちにあり、よく整備されている。

「上海万博を機に、街がきれいになったことは確かだ」と上海の市民は言う。

夜景の美しさは世界中のどの都市にも負けないだろう。不夜城《プーイエチョン》とはまさに上海のことで、ビルの明かり、街のネオン、広告の照明、施設のライトアップなど、眩いばかりだ。よほ

ど電力があり余っているのだろうか。

上海の気候は春と秋が良い。夏は暑過ぎて、名古屋の夏に似ている。

冬の寒さも似ているが、それよりも中国のほとんどの都市で問題になっている大気汚染PM2・5は相変わらずで、乳白色に霞む上海の冬の夜景は幻想的で、見た目には美しいが、冬場の上海観光はお薦めできない。

上海出身の人気作家に韓寒《ハンハン》がいる。なかなか骨のある作家で、若者に人気がある。カーレーサー、歌手としても知られているという。彼の小説『1988 ぼくはこの世界と語りたい（1988 我想和这个世界谈谈《ウォシャンハーチェイガシージエタンタン》）』の冒頭では、上海の大気汚染が描写されている。

「空気がだんだんと悪くなる。出発しなければならない。一九八八年製のバンを走らせて、濃霧とも毒ガスともいえる夜景の中を国道三一八号線に乗り込んだ」（千野拓政・訳）と。国道三一八号線というのは、上海人民広場を起点に重慶を経てチベットに至るという中国最長の国道のことである。

この作品は二〇一〇年に初版が出ている。それ以前から冬の上海を覆う大気汚染が問題になっていたということである。まだ「PM2・5」とは呼んでいなかったようだ。

高層マンションから眺める上海の夜景は本当に美しく、
冬の大気汚染などつい忘れてしまう。
慢性的な渋滞のハイウェーでさえ、光の流れに魅了される。
「キッチンで料理をしていても窓の外に目がいってしまう」とは、筆者の家族の話。

この作品は、NHKのラジオ語学講座『レベルアップ中国語』（二〇一四年一月から。九月から再放送）で「中国文学——現代の息吹」として、千野拓政先生が紹介しておられたので、お聴きになった中国語の学習者の方もおられると思う。

PM2・5に話を戻すと、高層マンションの窓越しに眺める夜景は、真っ白な霧に高層ビルの明かり、渋滞する高速道路の車のライトが滲んで、ファンタジックな趣であるが、この霧の正体は有害物質である。

「PM2・5を一〇〇％吸い込まないマスク」というのが売り出されたが、誇大広告ということで取り締まられた。

街ではマスク着用の市民が多いが、効果は気休めに過ぎないという説もある。「本当に効果を求めるなら、酸素ボンベ付きの粉塵マスクしかない」と日本の産業医は言う。これに似た重装備のマスクを着けて職場に向かう市民の姿をニュースで見たことがある。

この恐るべき冬場の大気汚染の対策としては、工場の操業規制や車の使用規制しかない、といわれている。冬が終われば嘘のように青空が広がる上海だ。国も対策に本腰を入れると報道されているが……。

Shanghai

第2章

街を歩く

■10 がむしゃらな上海旅行

初めて上海へ行ったのは、かれこれ二〇年以上前のことである。上海郊外の町で製菓業を営む日本人の一家と知り合い、「絵になる風景がいくらでもある。描きに来ないか」という誘いに乗って出かけたのである。

その頃のぼくの中国に関する知識は、せいぜい新聞、雑誌、テレビによるもので、さほど中国に関心があるわけではなかった。

日本の多くの画家たちが好んで旅行に行くのはまずヨーロッパで、まだ「パリしょん」などという言葉が生きていた。えっ？　パリしょんも知らないって……。ちょっとパリに行く、ローマへ行くというだけでもそれなりの箔がついたものだ。アジアに足を運ぶ日本の画家は少数派だった。

ならば、中国で絵を描くというのも悪くないという単純な発想で、言葉もほとんど分からない、予備知識もないのに、上海へ出かけたのである。「服装なんかなんでもいいよ」という話を真に受けて、くたくたのTシャツ、短パン、ゴム製のつっかけに、画材を詰めた大きなリュックを背負って、意気揚々と上海へ向かったのである。

上海について目を疑った。ぼくが出会うほとんどの上海人はきちんとした身なりで、いや、むしろお洒落で、ぼくのような身なりの者は、下町の露地裏で孫の子守をするお年寄りぐらいのものだった。上海は、すでにお洒落な大都会へと変貌を遂げつつあった。

ぼくを中国へ誘ってくれたその人は、親切にもフィアットの大型バンを運転手つきで貸してくれたので、それに甘えて画材を積み込んだ。

■11　江南《ジャンナン》の思い出

蘇州から杭州、西湖、乌镇《ウーチェン》、同里《トンリー》、周荘など上海を取り巻く江南《ジャンナン》、つまりは水辺の風景が有名とされる地方を巡ることとなった。高速道はまだ完全ではなく、一般道は未舗装で穴ぼこだらけという個所が随分あったように記憶する。

季節はまさに真夏、連日四〇℃近いとしか思えないほどの猛暑だった。パレットの水彩絵の具は、アイロンがけに使う噴霧器で絶えず湿らせないと、たちまち干からび、ひびが走った。今考えると、それは熱中症の世界で、よくぞ倒れなかったものだ。

ぼくは当時、風景でも女性でも、見た目より少しきれいに描きたいという考えがあった。「美術」という言葉を勘違いしていたようだ。協力してくれた日本人に描いた絵を見せると「水辺の色がきれいすぎる」と意見された。

おっしゃる通りだ。どの川も運河も湖も、濃いココア色に濁り、強い日差しが届くのは水面から数一〇㎝といったところだろう。

美しい水辺の風景の写真がガイドブックに載っているが、あれは写真と印刷の嘘ということに気づいたのは後のことである。

あの上海蟹も、名物の川魚もこんな水の中に棲んでいるのかと思うと、もう食べる気がしない。今も食べられない。

運転手さんは上海語も蘇州語も話すのかもしれないが、いずれにしても中国語しか話せない。当時のぼくは手振り身振りでしかコミュニケーションがとれない。

筆談は半分ぐらい分かるが、現代中国で使われる簡体字《かんたいじ》は理解できないものが多い。このあたりで、中国語の学習の大切さを、身をもって感じるようになったのである。

運転手さんばかりではない。絵を描いていると、地元の人、観光で来ている地方の人から、どんどん話しかけられる。ぼくのセリフは「ニイハオ」「サイヂエン」「シエシエ」の三つだけ。相手もさぞや面食らったことだろう。

今は日常会話なら、一通りは話せる。理解もできる（つもり）。「勉強したからだ」と威張って言いたい。それから、自分の身なり。これも反省した。お洒落はできなくとも、小ざっぱりとした服装で外出しなくちゃ。

江南地方のスケッチを終えて、上海に戻って、まずは外灘《ワイタン》へ行った。バンドとも呼ばれる上海の名所だ。中国各地から観光で訪れる人でいっぱいだ。日本人観光客の姿も見られる。このみすぼらしい姿を日本人にみられたくはないぞえ。ここでも次々と中国語で話しかけられる。ぼくは、新しい中国語を覚えた。「听不懂《ティンプトン》（聴いても分からない）」である。

外灘で、大勢の人波にもまれながら、耳も口も閉じて必死に絵を描いた。外灘の濁った黄浦江《ホワンプーチャン》の流れに目をやると、頭の中に戦後の日本の流行歌『上海帰りのリル』が繰り返し流れてきた。えっ、そんな歌、聴いたことがないって？　ぼくの世代の人しか、知らないのかもしれない。年をとったものだ。

■12　季香蘭《りこうらん》と上海

二〇一三年の秋、街の街路樹の紅葉が美しい上海を訪れた。上海在住の娘が「お父さんが喜びそうな半日ツアーを申し込んでおいたよ」という。上海の小さな旅行社が企画した「季香蘭《リイシャンラン》の足跡を訪ねる」という上海在住の奥さん向けのツアーだった。「えっ、季香蘭？」。ぼくは何を隠そう、季香蘭こと故山口淑子さんの大ファンなのだ。

この年の前年、残念ながら山口淑子さんは他界されていた。しかし、しばらく前に季香

1938年～1945年まで
李香蘭《リイ シャン ラン》として
戦後、ハリウッド映画では
シャーリイ・ヤマグチ
日本映画では
山口淑子
として活躍した
「夜来香《イェライシャン》」は当時の中国でも大ヒットした

蘭の数奇な生涯を描いたテレビドラマが上海でも放映された後なので、的を射たツアー企画だと思った。

当日、ぼくはわくわくしながら集合場所へ娘と出かけ、マイクロバスに乗り込んだ。あのドラマがなければ、李香蘭を知ろうはずがない世代の奥さん連中が、そこそこ乗り込んできた。

上海人のおじさんガイドも、年格好からみて、一九四五年の終戦の日まで、「上海七大歌姫」と称され、また映画女優として上海の芸能界を席巻した大スター、李香蘭を本当に知っているとは思えない。本で勉強したのだろう。ガイドだけに日本語は話せる。

一九四三年に中国で発売されると、全土で大ヒットとなった『夜来香《イエライシアン》』は、日本でも絶えずラジオから流れる戦前のヒット曲となって、まだ幼児だったぼくは、国民型ラジオの前で母と並んで耳を澄ませて聴いたものだ。つい最近（二〇一四年）、一〇〇歳で他界した母も李香蘭の歌声が大好きで、『夜来香』や『蘇州夜曲』『何日君再来《ハーリーチンツァイライ》』などをよく口ずさんでいた。

ちなみに、『蘇州夜曲』は作詞・西条八十、作曲・服部良一の日本の曲というのが、ぼくにとっては意外だった。中国語で書けば『苏州夜曲《スーチョウイエチー》』。

李香蘭の名は母の思い出でもある。ツアーバスは、車内で李香蘭の歌声を流すといった雰囲気づくりもなく、淡々とゆかりの建物をめぐる。ムードがないというのも、中国っぽい。

まず録音スタジオへ行った。立派な建物で、今は高級フランス料理店だった。くだんの旅行社は事前に見学の許可を取り付けていないようで、店の支配人から早く立ち去るように言われていた。店内には当時の録音機器が展示されているなど、戦前はレコード会社だったと思われ、『夜来香』もここで録音されたのではないかと思う。

季香蘭がしばらく住まいとしていた有名な外灘《ワイタン》の「和平飯店《ハーピンファンティエン》」はロビーを一巡りという見学。季香蘭が出演して上海人が熱狂、アンコールの拍手が鳴りやまなかったという大劇場は、自伝によれば「大光明大戯院《ダークワンミンダーシーユエン》」だが、多分、パラマウント劇場のことで、今はダンスホールである。ここでも、ぼくたちは「邪魔、邪魔！」の扱いだった。

日本が第二次世界大戦で破れ、季香蘭は時の中国の政府から、中国人でありながら対日協力・諜報行為を行った売国奴「漢奸《かんかん》」とされ、彼女が日本人と証明されるまで軟禁された三階建ての棟割長屋は、さすがに年代もののボロ家だったが、現存しており、人が住んでいた。出生を証明する文書が見つからなければ、彼女は死刑だった。その経緯は新潮文庫『季香蘭　私の半生』（新潮社、一九八七年）でご一読を。

このツアーは、かなりずさんな内容だったが、季香蘭ゆかりの場所や、雰囲気が分かって、ぼくは十分満足した。広い上海で、こうした場所を独力で捜し出すことは、大変なことだ。その後、こうしたツアーは行われていない、と聞く。

■13　李香蘭と女優・山口淑子

李香蘭が歌って中国でも大ヒット曲となった『夜来香《イエライシアン》』の作詞・作曲者は黎錦光《リーヂングアン》氏で、社会主義中国の成立後はしばらく聴くことも歌うことも禁止されていたという。黎錦光氏は湖南第一師範学院（現在、大学）で、なんと毛沢東《マオツォートン》の教え子だったという。皮肉なことに文革で辛酸をなめ、清掃員をさせられたという。――以上は中日新聞・加藤直人記者の記事による。

さて映画女優としての李香蘭は、中国時代に長谷川一夫と共演した『支那の夜』などがある。近年ＤＶＤで観たが、映画としては凡作。ただ、彼女の美しさは抜群だ。

自伝によると、日本の国策映画に出演することに嫌気がさし、中国時代の終わり頃は映画界から遠ざかり、歌手に専念するようになったという。日本では一九四四年一一月に東京のスタジオで録音した『雲のふるさと』『月のしづく』の二曲が最近発見され、日本コロムビア発売のCD『伝説の歌姫 李香蘭の世界』に収録されるという記事を読んだ。日本人という証明ができた彼女は、帰国して山口淑子として銀幕で活躍した。ぼくが最初に観た映画は、バラック住宅の時代の空き地で上映された池辺良共演の『暁の脱走』(一九五〇年)だった。その後、シャーリー山口として、日本人戦争花嫁を演じた『東は東』(共演・ドン・テイラー)などのハリウッド映画がある。

彼女はまぎれもない国際的なスターだった。

■14 オールドメンジャズバンド

十数年前のことだが、外灘《ワイタン》の「和平飯店《ハーピンファンティエン》」の地下に、オールドメンジャズバンドが出演するジャズクラブがあるということで、知人に誘われて出かけてみた。場内には、木製の古風な丸テーブルが配置され、どのテーブルも満席の盛況だった。予約しないと、テーブルが取れないほどの人気だった。

開演時間になると、お年寄りだが、粋な中国人ジャズメンが、ステージに上がってきた。トランペット、アルトサックス、トロンボーン（もあったと思う）、クラリネット、ウッドベース、ドラムス、ピアノ。ピアノ弾きだけは、ご老体ではなく、中年男だった。

演奏は、一九三〇～一九四〇年代の、誰もが知っている曲目だ。『ビギン・ザ・ビギン』『ラバー・カムバック・トゥミー』『ブルースカイ』等々だった。

米国映画でよく観た大昔の、ジャズクラブの雰囲気があった。飲み物は何でもありで、ぼくはコーヒーにした。演奏が面白い。わざとかもしれないが、音は外すし、金管、木管とも時々息が切れる。客は暖かい拍手を送る。ぼくは、コーヒーをインク代わりにして、ステージをスケッチした。

上海は戦前・戦後を通じて、ジャズを愛した国際都市だ。今も小さなライブハウスがあちこちにある。戦中の日本ではアメリカ音楽はもちろん禁止だったが、服部良一氏は、李香蘭（山口淑子）の上海のステージに『夜来香《イエライシアン》』をブギウギにアレンジしたものを、演奏させた、と本で読んだことがある。

オールドメンジャズバンドは、年配の人にとって、間違いなく懐かしい雰囲気を持っていた。ステージの合い間に帰りかけると、階段の踊り場でバンドの面々が休憩していた。挨拶すると、リーダーのトランペッターが「スケッチを見せろ」と言う。見せると、皆が、ぼくのスケッチを囲んではしゃいでくれた。

今も、このジャズクラブはやっているのだろうか。やっているなら、久しぶりに足を運びたいものだ。

■15　なんとかしなきゃ！　交通マナー

上海に着いたばかりの人が、絶対に注意してほしいのは、旅装を解いてすぐの街歩きだ。信号もある、横断歩道もある。だが、これに身を任せたら重大な災難が降り掛かること、受け合い。

まず、車は日本とは逆の右側通行だ。信号のない道路を横断するには、まず左を見て、車や自転車の類がこないか確認すること。道路の中ほどでは、右折車の確認をしなければならない。横断道路を渡って命を落としたのでは成仏しきれない。

人身事故に関しては、倒れた子どもを誰も助けないという映像を放映したテレビ報道もあって、物議を醸した。例えば、交通事故に遭った人を介抱するとその人が訴えられるというケースがあるということだ。とんでもない話で、日本では考えられないことである。

こうした問題の根底には、車優先の風潮と、人命救助が最優先という考えが市民の間に

行き渡っていないことがあると思う。仮に人身事故を目撃しても、誰も手を出さず傍観するのみ、という奇異な情況となることが通常だといわれている。

日本でも、「ドライバーはハンドルを握ると人柄が変わる」と言われた時期があったが、この街では今も、ハンドルを握ると紳士も狼男に変身するらしい。高級車にはねられると、悪いのははねられた人で、「車の傷を弁償しろ」と高飛車に出られる、という都市伝説がある。「高級車に近寄るな、はねられるな」と忠告されたことがある。保険にも入っておく必要がある。

最近も高速道路でマイカーに接触した女性

ドライバーに、激昂した当てられた車の男が殴る蹴るの暴行を加えるという映像も日本のテレビで放映された。また割り込んだ車に報復するため、腹を立てたドライバーが車で体当たりして、相手の車の屋根に乗り上げるという映像もあった。

信号機がある横断歩道。これも安心してはいけない。右折車がどんどん入ってくる。手をあげて渡ってもまるで効果がない。停まるどころか、速度を上げて横断中の歩行者の間ををすりぬける。ここでは車が優先で、歩行者は車にとって邪魔者なのだ。日本の交通規則では考えられないことだ。

マンションの敷地内でも、ほぼ上海ルールで車を移動させる。建物の外へ一歩踏み出した途端、そこは地獄の一丁目と考えた方がいい。

時として交通警察が交差点に立つことがある。何か国の重要な行事があるのだろう。笛を鳴らして交通整理をするのだが、これは車の整理であって、歩行者を守るためとは考えにくい。あてにしないことだ。自分の身は自分で守るのが鉄則のようだ。

とにかく、歩行者の安全を確保するための、交通規則とかマナー教育を早く整備してもらいたいものだ。交通関連の中国語単語を並べておこう。

大通り（马路《マールー》）。交差点（十字路口《シーズールーコウ》）。シグナル（红绿灯《ホンリータン》）。歩道（人行道《レンシンタオ》）。車道（车道《チャータオ》）。横断歩道（人行横道《レンシンハンタオ》）。歩道橋（天桥《ティエンチャオ》）。高速道路（高速公路《カオスーコンルー》）。

■16 自転車が自転車ではない

自転車が、これまた危険な代物《しろもの》だ。かつての中国の大都市は庶民の足として、朝夕の通勤時では自転車の大群が道路いっぱいに広がって、ひしめき合っていた。モータリゼーションなど考えられなかった頃、つまり高級車といえば長春の工場でほぼ手作りの「紅旗（红旗《ホーンチー》）」だった時代の中国では、街の道路を席巻するのは、自転車だった。

あの自転車は今や、変身して電動自転車と化しているのだ。スクーター、バイクの類もガソリンエンジンを捨て、電動化したものが圧倒的に多い。それも、日本で見かける補助的な電池式モーターとは違い、モーターで自走できるほど、強力なものを装備している。

中国語で自転車を「自行车《ツーシンチャー》」というが、「他行车《ターシンチャー》」と呼び名を変える必要があるかもしれない。運搬用自転車、三輪車、リアカーを曳く自転車、これらも電動化が進んでいる。見た目は自転車だが、これが音もなく、背後から忍び寄る。そして目と鼻の先をすりぬける。これも車と同様、歩行者より地位が高いのだから、恐ろしい。

■17 タクシーを利用するには

タクシーは出租车《チューズーチャー》。車内禁煙。チップ不要。

良いタクシー、良くないタクシーの見分け方は、都市伝説じみているが、「ぼられた、騙された」という先人たちの苦い体験が伝播されたものだろう。確かな根拠もあるのだろうが、ぼくは素直に、人びとの忠告に従う。

車体の色が、青と緑の車（強生《チアンシアン》、锦《ヂーン》〔錦〕江《ヂアーン》、大众《ダーチョーン》〔衆〕など）が安心タクシーだという。赤、オレンジは、よろしくないらしい。メーターを誤魔化したり、神風タクシーだったりするとか。

タクシーがなかなか見つからない場所や、空車が見つからない場合は、忠告も忘れて赤色にも手を挙げる。この距離なら料金はこれくらいという目安があるわけだが、タクシーに乗り慣れていないと、感覚がない。だが今のところ、不愉快は目にあってはいない。

タクシーの屋根にランプが付いているが、オレンジ色が点灯しているなら空車だ。行先を運転手（司机《スージー》）に告げる。これが問題だ。日本のように町名や目印になる建物や店名では駄目。

目的地の通り名と、それに交差する通りの名前を、中国語で正しく発音しないと伝わらない。

たとえば、ぼくが上海高島屋《ガオダオウー》のあたりから、栄花東道《ロンホアトンタオ》にある語学学校へ行くとする。高島屋のある道路、紅宝石路《ホンパオシールー》から西に向かうと、T字路になっていて突き当たる、その路は古北路《グーベイルー》で、左に曲がって、すぐの道・栄花東道を右に入る。少し行って、建物が見えたら「停まって！」となる。

まず司机に言うことは、通りの名で「古北路、栄花東道」だ。標識にピンイン表記があれば、一応発音できるが、声調を調べておかなくては、「?・」となって通じないだろう。声調とピンインという中国語の基本を、暗記しておけば役に立つ。

ちなみに、「真っすぐ（一直《イージー》）」「左に曲がる（往左拐《ワンツオグアイ》）」「右に曲がる（往右拐《ワンヨウグアイ》）」「停めてください（請停车《ティンティンチャー》）」。ルビのカナ表記は声調が付けられないので、発音を調べて頂きたい。英語はまず通じない。

タクシーに乗るのが面倒になるようなことを書いてしまったが、なんのことはない、行先をメモして司机に渡せば、中国語で冷汗をかくことはない。

■18　上海タクシー事情

ほとんどのタクシーはワーゲンのサンタナだ。古い型式の武骨な車で、一昔前のタイプ。

日本でも発売したが、ワーゲンといえど人気が出なかったあの車である。いすゞの、かつてのベレルやフローリアンに形が似ている。

タクシー仕様車はトヨタや日産がかなりのレベルの車を出しているが、上海タクシーに乗り遅れたのだろう。セダンタイプのタクシーは、中国生産の日本車では見かけないが、近年はワンボックスのタクシーに中国製日本車を見かけるようになった。

このサンタナは、サイズ的にはクラウンの旧車と変わらないが、後部ドアの支柱の角度に難があって、靴のサイズが二・七ぐらいになると、爪先がひっかかって車から降りにくい。営業車としては最悪だ。また、後部ドアは日本のタクシーと違って、客が開けたり閉めたりしなければならない。ご注意を。

司机《スージー》は、乗り込む時と、料金を払う時以外、ほとんど無言であることが普通だ。東京の大方のタクシーと似ている。シンガポールでは結構愛想が良いし、マニラでは饒舌だ。上海のタクシードライバーがぶすっとしているのは、無愛想だとは言い切れない。

走りだしたら、隙があれば車が割り込んでくる。「ごめんね」の合図もない。いきなり車線を変更する。渋滞が切れたらフルスロットルで突っ走る。もちろんこちらも同じことをやる。

それでいて、あまり大きな事故が日常的に起きない（実際には結構多いという）のは、運転に神経を集中しているからに違いない。無愛想でも仕方がないか。

慣れない客は緊張する。できれば窓の外を見ないほうがいいかもしれない。何しろ、横断歩道を渡っている通行人など無視して、鼻先を擦り抜ける。時々窓を下ろして、通行人や他車に悪態をつく。客も共犯者になった感じで、恥ずかしい。しかし慣れとは恐いもので、タクシーに乗り慣れると、妙に諦めの境地になってしまうのである。

司机の無愛想さに我慢できない人は、バスを利用するのが一番いい。たったの五元《ユエン》しかかからない。

■19 可愛いリンゴちゃん

近年の、中国の大ヒット曲は『小苹果《シャオピングオ》（可愛いリンゴ）』だ。二〇一四年七月にCDが発売されると、爆発的なヒットとなった。歌っているのは「筷子兄弟《クワイズシオンディ》」（「筷子」は箸の意味）。二人組で、片方の王大利《ワンターリー》が作詞・作曲。沖縄の三線《さんしん》をバック加え、躍動感にあふれた歯切れのいい曲に仕上げている。ノリの良さは、かつてのザ・ベンチャーズの曲に通じるものがある。

もとは、「筷子兄弟」が例年、春節前夜に放映される人気のアマチュアコンテストに挑戦したのがきっかけといわれる。この曲が凄いのは支持層の幅の広さで、幼児から高齢者まで、この曲が大好き。

早朝、中高年のご婦人のグループが公園や広場で、持参のCDに合わせて踊る光景がみられるが、そこで使われる曲は間違いなく「リンゴちゃん」だ。朝、町を散歩するだけで、メロディーを覚えてしまうほどである。曲に合わせて踊る光景を目にされると思うが、今のところ、どこへ行っても、この曲ばかり。

振り付けもインターネットで一目瞭然なので、公園でも一糸乱れず踊っている。朝のラジオ体操のようなものだが、地域ごとにクラブがあって、揃いのコスチュームで地域対抗のコンテストにも出場するらしい。

四川州の話だが、早朝からボリュームいっぱいの「リンゴちゃん」に頭にきた住民が、マンションの窓からパソコンを放り投げたという話もある。また本物のリンゴを投げつけたという話もあるそうだ。とにかく、大変なリンゴ・ブームで、しばらくは続くだろう。

歌詞でリフレインされる個所は「ニィー シー ウォー ダ シャオヤシャオ ピングオ……」で、一度聴いたら、頭の中でコダマするほど印象的だ。

拙訳だが、歌の内容は、ざっと次のようだ。

　ぼくがまいた一粒のタネが、やっと実を結んだ
　今日は記念すべき日なんだ

キミに星をとってあげよう
お月さまも降ろしてキミにあげる
お日さまも毎日天に昇ってもらおう
キャンドルに代わってボクが燃えて
キミだけを照らそう
キミを喜ばせるためなら
ぼくのすべてを捧げよう
キミはぼくの明日を
意味のあるものに変えてくれた
命は短くても
キミを永遠に愛する
キミを離さない、放っておかない
キミはぼくの可愛いリンゴちゃん
どうしてキミをこんなに好きなんだろう

赤くて小さな顔はぼくの心の奥まで暖めて
生命に火を点ける
火、火、火、火
キミはぼくの可愛いリンゴちゃん
空の一番きれいな雲
春が来れば山の花は満開
夢が叶えば収穫がある
キミのすべてが好き
キミのすべてがぼくを喜ばせる
キミは毎日がフレッシュ
燦々と輝く陽の光り
キミがいれば暗い夜も暗くない
キミは白い雲
ぼくは蒼い空

春は満開の花園でキミと
夏は毎夜星の瞬きをキミと眺める
秋は黄金色の麦畑を共にそぞろ歩き
冬に舞う雪花もキミがいれば暖かくなる
キミはぼくの可愛いリンゴちゃん
どうしてこんなに好きなんだろう

（作詞／王大利）

Shanghai

第3章

上海人気質

■20 コピー文化

最近では、取り締まりが厳しくなって、コピー商品がそれほど目立たなくなったようだが、かつては、それらが氾濫していたように思う。ひと昔前、外国の何かの視察団が上海近郊の農村を通過した際、「中国は本当に豊かになった」と目を丸くしたという。「農民がシャネルのTシャツを着て作業をしている」と言ったとか。

これも以前の話だが、ディズニーランドを丸っきりコピーした遊園地が登場して、話題になったことがあった。よくも、大がかりなコピーをしたものだ。さすがに問題になって、閉鎖したという。

外国の有名ブランドをコピーしたや雑貨、時計などは、今も密かに作られ、売られているようだ。偽物というのは「贋品《イエンピン》」というが、「ニセモノ」という日本語も、この世界では知られている。中国人は「粗悪品」のイメージを持っているようだ。

報道によれば、二〇一四年、偽ブランドなど知的財産を侵害する物品の輸入を、日本全国の税関で差し止めた件数が、三万件以上と過去最高だったという。中国から持ち込まれた件数が九二・二％を占め、五年連続で九割を超えた、という。もっとも多かったのは、バッグ類で全体の三三・九％と報道されていた。背景にインターネット販売の普及があるらしい。

これらの偽ブランド商品は、大っぴらに店頭で売られているのではなく、下町のマンションの一室にぎっしり商品が置いてあり、客の求めに応じて販売していると聞く。どこで売られているかは、ほとんど口コミで、その部屋の入り口には、なんの表示もないとか。

上海には、一日でコートやスーツを仕立てる店がかなりある。ここで売られるものは、ブランドものによく似たデザインだが、ブランド名は付けていない。サンプル通りの生地で仕立て、驚くほど安い。欧米人の客が多い店が間違いない、と聞く。

時計は、ほとんどの高級ブランドのコピーがあるようだが、最近は取り締まりが厳しく、ごく普通の衣類・雑貨の店の奥に小部屋があって、そこで密かに売られていたものが、ホテルの一室に変わったりと、用心深くなったそうだ。

一〇年前には偽ブランドの時計はかなり粗悪で、外観はそっくりでも、すぐに故障したらしいが、最近のものは、素人目にはまったく本物に見えるほど、精巧にできているらしい。その分、値段が上がったようだ。

粗悪なコピー商品が市場に氾濫したことで、自国の商品への信頼感が薄らぎ、中国の、ゆとりのある層の本物志向が強くなったといわれる。日本での爆買いも、「信頼感」と関係があるようだ。

■21　上海人のイメージ

上海に住んでいるわけではないが、上海に出かける機会が多いという日本人が抱く上海人のイメージは、悪いものではない。女性はスラリとして背が高くて色白、男性は恰幅が良くて活動的な印象という。

よく聞くのは、北京人と上海人は、日本の東京人と大阪人のようもので、ライバル意識があって、性格も対象的というもの。お互い、相手に優越感を持っているという話だ。

さて、上海以外の中国人が、上海人をどう評価しているか、地方の中国人たちに聞いてみた。同国人についての質問なので、なかなか本音を言わない。だが、話し込んでいくと、意見が噴出する。意見をまとめると、上海人のイメージはこんなものだった。

上海の女性は、ひと口に言って「矫情《ジャオチン》」——「理屈をこねて、強情を張る」という性格。これは、男性にも言えるらしい。特に男性は「小气《シャオチー》」、つまりは、計算高く、吝嗇《りんしょく》。もう一つは「感情を表に出さない、本心が分からない」というのもあった。良い評価として「上海人は、なべて頭が良い」がある。

「上海女性が結婚したい相手は、まず米国人。二、三番がなくて次に上海人」と彼らは言う。その上海人がデートすると、三回に二回は男性が支払うが、あとの一回は女性持ち。デートを重ねると、男女半々の支払いとなる。

また「借りない、貸さない」も上海人の流儀だという。AA制《エーエージー》というのは割勘のことだが、これもやる。それよりも「自分が注文した勘定は自分で払う」が上海流。だから「滅多に人に奢ることはない」そうだ。さらに、「地方人は一般的に上海人に好感を持っていない。これは上海人も知っているが、気にしていないようだ」とも。

言いたい放題だった。だが、これらの話は、しっかりとした調査によるものではない。「ただの雑談から出た話」と、上海人の皆さんは、笑って聞き流して「気にしない」ことを期待したい。

■22 今や爆買いが日本経済の下支え

新聞によると、二〇一四年の訪日旅行者数は、台湾人がトップで二八二万人、次いで韓国人の二七五万人、そして中国人が二四〇万人だったという。台湾人と中国人だけで、訪日旅行者全体の四割を占めるというからすごい。

中国のお正月、春节《チューンジエ》（春節）の休みには、大げさにいえば、日本中の都市や街は中国人

で溢れんばかりの様相で、観光地やデパート、また大型店では中国語が響きわたる賑わいだ。中国語で「欢迎《ファンイン》（歓迎）」と書かれたポスター類もよく見られた。

そして、今年も「爆買い」現象が話題になった。日本にとっては大変ありがたい現象である。かつては魔法瓶が中心だった爆買い対象商品は、電気炊飯器に移り、近年は温水便座だという。最近では電化製品が一巡して化粧品とか薬品などに人気が移ったらしい。

さらに、日本のビザが取りやすくなり、円安（二〇一五年）もあって、中国人の来日が容易になったことも爆買いに拍車をかけているといわれる。

上海ではありとあらゆる品が揃うのに、なぜ日本で爆買いするのか、ぼくには疑問なのだが、日本製品を日本で買うというところに、こだわりがあるようだ。多くの日本の商品が中国で作られ、中国で購入できるのだが、中国製の日本製品はいまいち信頼されていないのだろうか。

実際、温水便座は杭州市で日系企業が製造しており、中国国内向けと日本向けの製品は、機能的にまったく同じで、価格も変わらないといわれる。ネット上でも「中国製があるではないか」「いや、日本製の品質が上」と議論が分かれたという。

中国の国営テレビでも、温水便座と炊飯器について中国製と日本製を紹介して「わざわざ日本で購入することはない」と説明したという。それでも爆買いが収まらないのは、日本製品への信頼感だという。

売り場では「これは本当に日本製なのか」と確かめる中国人客が多いとか。日本のどの店でも、中国語で応対できる店員を配置しているが、ずばり中国人の店員も最近は多くなった。名札を見ると、それと分かる。

しかし、中国語が話せる店員を置くだけでは当たり前の話で、最近は客への応対の良さが中国人客に対するセールスポイントの一つと気付いた店側は、店員教育にも力を入れているといわれる。

上海に住む娘も、春節の休みに日本に帰ってくると、電気製品ではないが、中国人につられて「つい爆買いしてしまった」と、買い物袋をいっぱい抱えて笑う。さて、中国でも「爆買い」に相当する新語があるのだろうか。直訳すると「爆炸性《バオチャーシン》的《ダ》买東西《マイトンシ》」「爆买《パオマイ》」だが……。

■23　爆買いの中心は「大妈《ダーマー》」？

仕事を引退した、おじさん、おばさんは、日本ならカルチャーセンターに通うとか、何かのクラブに入って、ささやかな学習とかスポーツ、趣味を楽しむ。少し前はゲートボールに人気があった。そしてウォーキング。

中国でも文化教室があるが、中・高齢者はさほど興味を持たないようで、小さな規模のものが普通。では何をして過ごすかというと、おじさんは孫の世話。一人っ子政策（当時）のため、孫は宝物扱いで、子どもに対する愛称に「宝宝《パオパオ》」がある。おばさんは歌に踊り。公園の小ステージで歌い踊る。太極拳は男女ともやるが、グループで行うのは女性が圧倒的に多い。

中国でも男性は集団が苦手のようで、公園でも単独でやっている姿を見かける。そして、麻雀。卓を囲むのは、おじさんよりも、おばさん連中が多い。このあたりは、一般的な庶民レベルの話。

少し上の、やや裕福なおじさん、おばさん方はどうだろうか。おじさん、あるいは、お爺さんが幼い孫と公園で遊んで時間を過ごすのは、どの層も同じ。孫がいなければ、ウォーキング。おばさんは違う。高層マンションの洒落た自宅で、お茶でも飲みながらパソコンと睨めっこ。最大の興味は投資となる。

インフレで貨幣価値がどんどん下がっていく。不動産は高どまりで、以前と違って手を出したくない。そこで投資先が金《ゴールド》ということになり、おばさんは、投資奥様「大妈《ダーマー》」に変身するというわけだ。

ちなみに、上海のマンション群を昼間に眺めると、「さすがに上海だ」と感心するが、よく見ると、意外に空き室が多いことに気付く。住宅街を歩くと、黒っぽい背広を着込んだお兄ちゃんたちがうろうろしているが、彼らは日本の夜の街で見かける胡散くさい連中ではなく、不動産のセールスマンで、これと思うと声をかけて物件を勧める。古北《クーペイ》新地などの住宅街で見かける風景である。

こんな記事があった。

日本跟中国非常相似《リーベンゲンチョングオフェイチャンシアンスー》、是太太主管家庭財政《シィタイタイチュウグアンジャーティンツァイチョン》。

「日本と中国でとっても似ているのは、財布のひもはカミさんが握っていることとだ」という意味である。前出の中国語の文中にある「跟《ゲン》」は〝〜と〟、「太太《タイタイ》」は〝(他人の）妻〟の意味。

亭主は公園で孫の子守り、カミさんは家で投資に熱中というわけだ。この大妈が、金製品を買い漁ったせいで、近年、二〇％も金価格が暴落したことがあるという。国際市場でも、中国太媽との激しい攻防が繰り広げられ、ゴールドマンサックスが介入して阻止作戦に出たが、中国大媽の勝利に終わったという報道もあった。

上海人はお金儲けの達人と、よくいわれる。だから「大媽の中心は、きっと上海人奥様だよ」と、東北出身の中国人たちが言う。そうかもしれない。中国人の金《ゴールド》にかける執念も、日本人から見て、想像ができないものかもしれない。

話がそれるが、内戦から復興して間もないカンボジア・プノンペンを訪れたことがある。郊外に地雷がいっぱい埋まっていた頃である。街の中心部に安普請ながら大きな市場があって、中に人だかりがある一画があったので覗いてみると、華僑の女性が金製品を売っていた。信じられる財産は、やっぱり金なのだろう。戦火がやっと治まったカンボジアで、感じたことである。

他のアジアの国でも、金製品は、女性に断然人気があるが、これを扱っているのは、ぼくが見た限り、中国人とインド人が多い。

男性でも金のネックレスを首にしている中国人を見かける。「あれは教養がない人が自分を誇示するために金をちゃらちゃら身に着けているわけで、ぼくら教養人はしないよ」と、中国人大学生が手厳しく言う。

さて、金の相場に走った中国大妈に話が戻るが、これで儲けたおばちゃまたちは、その後どうするのかと想像してみた。日本へ爆買い旅行に行くのではないだろうか。最近（二〇一五年）では、愛知県豊川市でも爆買い中国人が多いという。豊川稲荷で参拝して、ビジネスホテルに泊まって、電化製品量販店や大型ドラッグストアに出かけるのかな？　市内の日本そば店にも中国人が多い。

ところで、東京・銀座などで見かける中国人のマナーが爆買いブームの当初と比べ、非常に良くなったと知人の銀行マンが話していた。「日本的マナーを習得したのでは」と言う。

■24 私のベビーカーを返せ！

ある日本人主婦。店頭のセールが気になって、ベビーカーから幼児を下ろし、手を引いて店の前へ。すぐに引き返したのに、くだんのベビーカーがない。見渡すと、知らないおばさんが、それを押してすたすたとその場を離れる姿を見つけた。飛んで行って「それ、私のよ」と大声で叫んで、ベビーカーを両手でつかむ。人々が一斉に注目する。

おばさんは平然と言い放ったそうだ。「あ、そう。あそこに捨ててあったから、貰ったのさ」。取り返した日本人女性も黙ってはいない。しばし、中国語の怒鳴り合い。この女性、中国語で渡り合えるというところが凄い。野次馬に囲まれて、形勢不利のおばさん、ぺっと痰を飛ばすと、何食わぬ顔をして去って行く。

野次馬の別のおばさんが、ベビーカーの主に取り成《とりな》し顔《がお》でこう言った。「子どもを置いていかなくてよかったじゃない。子どもが中にいたら、高く売り飛ばせるし、あの人、大

儲けだったよ」。

「もう、むかつく！」と日本語でひと声放つと、ベビーカーの主は、もう普段の顔。すぐに平常心を取り戻すところなど、こちらも上海慣れしている。これは、身近な者に起きた実話である。

これは、ぼく自身の体験。外灘《ワイタン》のベンチに腰かけて、画材を詰めたリュックと、買い物の品で膨らんだバッグを、体のすぐ横に置いてスケッチをしていた。ベンチには、中国各地から観光に来た若者がぼくと並んで腰かけて、わいわいやっていた。外灘は、その日も人で賑わっていた。

おばさんが近くにやって来て、ぼくの

リュックに手をかけて「この荷物は誰のもの？」と、声を張り上げて、周囲を見回している。「冗談じゃない、ぼくのさ。ぼくも負けずに怒鳴った。「是我的《シーウォダ》！」。周囲からどっと笑い声。おばさん、逃げ去る。

上海は大好きな街だが、どこの都市でも同じ、油断は大敵なのである。そして教訓。ほんの少しでもいい、いざという時の中国語を身に付けておくこと。

■25 マナーも教えてください

前を行く人の動作にも気をつけたい。「クワーッ」なんて声を発したら、少し歩みを遅らせること。続いて痰をペッと吐くに決まっている。接近して歩いていると、直撃の可能性すらある。

文句を言っても、相手は謝らないから、そのつもりで。謝罪のフレーズはもちろんあるが、日常で聴くことは滅多にない。

中国の家庭教育は、ママが結構うるさいと聞くが、痰は生理現象だから躾の項目から削除のようだ。例の大気汚染で、市民の気管支は相当にダメージを受けていることは、想像に難くない。美しくカッコいい女性も「クワーッ」はやる。ペッはないと思いたい。

立ちション、これもある。上海では、多くの公園に公衆トイレがある。しかも清潔。デパートや大型店、規模の大きいマーケットのトイレは有料のことがあるが、小銭で済む。にもかかわらず、「立ち」をやる。子どものことを言っているのではない。それに「大」の方だって怪しい。街を歩いて踏んづけたという話もあるから。

マンション街で、西瓜の皮が落ちてきたことがある。ごみを上の階の窓から外に捨てるのは、はるか昔にはあったと聞くが、最近は聞いていないので、むしろ郷愁に似たものを感じた。子どもか、田舎から出てきた人の仕業だと思いたい。

運転マナーの悪さは書いた通り。ただし、車からごみを捨てるのは、見たことがない。これは中国よりも日本の方がひどい。信号近くの中央グリーンベルトを見ると、すぐ分かる。

中国は、経済大国で、教育大国でもある。古来より礼儀を尊ぶ国である。家庭や学校で、少しはマナーについて教育してはいかがなものか。日本だって、威張って言えない昨今であるが。

■26 服務員《フーウーユエン》

飲食店に入って、ウェートレスなど、店の人を呼ぶ時、何と言ったらいいのかという話。「すみませーん」で通じるという人がいる。これは日本語である。ただ声をかけた客に反応しただけで、日本語が通じたわけではない。

上海では普通「服務員《フーウーユエン》！」と呼ぶ。漢字で書くと、ずばり、業務の名称で、いかにも中国らしい。日本人としては、何かしら偉そうな気がして、使うのに気がひけるのだが、そう思うのは、ぼくだけだろうか。

服務員は、「ホテルやレストランの従業員、ウェーター、ウェートレス」のことで、服務は「奉仕する、サービスする」の意味だから、「慣習で使っているから、偉そうな響きはない」と中国人は言う。日本だったら、ウェートレスに、「おねえさん!」とか「おじょうさん!」とか「すみませーん」と声を掛けるところだが……。

「小姐《シャオジエ》」という呼び方もある。これは、「女店員やウェートレスに対する呼びかけに使う」と辞書にもあり、「ミスという意味で、若い女性に対する敬称」ともあるので、それほど変ではないそうだが、夜の世界の感じがする。中年女性にはどう言うのだろう。まさか「阿姨《アーイ》（おばさん）」ではあるまい。

そこで「服務員」という呼びかけが無難というのも分かる。だが、家族で来店した小学生ぐらいのチビっ子が「服務員！　服務員！」と呼ぶのは、日本的感覚では、小生意気に感じてしまうのである。

日本の大学に留学中の若い友人、Eくんは、日本語がかなり達者で、日本人の性格や習慣もよく知っている。このEくんに、このあたりのことを聞いてみると、「服務員と呼ぶのは、やはり上から目線の響きがある。そう呼ばれる習慣なので、彼女たちはなんとも思ってはいないが、笑顔の応対とはいかないだろうね」と言う。

Mくんは「ニーハオ」と声をかけるそうだ。そしてコーヒーを注文する場合でも、「請《ティン》給我一杯珈琲《ゲイウォーイーペイカーフェイ》（コーヒーをください）」と丁寧に頼むという。すると、目を丸くして「あなたはどういう方なのですか？」と尋ねられたことがあるそうだ。「気配りも、人間関係の上で大切」というのが彼の自説である。

最近、上海では日本流の「すみません……」の感じで「給你添了麻煩《ゲイニーティエンラマーファン》」などと、丁寧に呼びかける風潮もあるという。最近では「美人《メイレン》！」と呼ぶのも流行っているらしい。字の通り「ベッピンさん」の意味。これも言うのが恥ずかしい。無愛想な店員さんも、少しは感じが良くなるのかもしれないが。

■27 笑顔までサービスはしない

日本の中国料理店では「笑顔で接客」と、中国人の女性店員にまず教えるはずだ。紙に書いて、客から見えないところに貼ってある店もある。「いらしゃいませ」も笑顔がないと、無愛想な店になってしまう。店主の無愛想が売り物の店もあるのだが。

日本で中国料理店をやっている中国人のママさんが、新人の中国人店員のことを「困ったものだ。あの娘は何度言っても笑顔がない」とぼやくのを聞いたことがある。このママさんは日本に来てから一〇年近いので、日本流の接客マナーを知っているから、店員に「笑顔《シャオリエン》！ 笑顔《シャオリエン》！」と口喧《やかま》しく言う。

注文の品をテーブルに音をたてて置く、ひどいのはラーメンなどの器の内側に親指をかけて運ぶ店員。これは日本でも、店員教育が行き届かない店で見かけることがある。上海でも一流の店では、そういうことはしない。

さて中国の服務員《フーウーユエン》だが、笑顔で接客することは少ないと思う。ロシアでは、にこにこして接客することは不真面目だという。「にこにこ」は「にたにた笑い」と捉えられると聞く。中国でもそういう感覚なのだろうか。

日本で働く中国人女性に聞くと「それは習慣だから」と言う。服務員の仕事に、笑顔のサービスは入っていないのかもしれない。

ぼくの上海での経験でいうと、滞在中、学校へ行く前にコーヒーを飲みに立ち寄る喫茶店の若い女店員は、向こうから「ニーハオ」と言って、笑顔で注文を取りに来て感じがいい。馴染みになると、笑顔で接客するようになるのは、どこでも同じで、日本と変わらない。

Shanghai

第4章

中国料理と上海の料理店

■28 冷えた料理なんか食えるか！

上海から里帰りした娘が、名古屋で行きたがる中華料理店は、「上海発、台湾経由」の小籠包《シァオロンパオ》（日本風の中国語名は、ショーロンポー）が売り物。皮が薄く、中に肉とスープが包み込まれていて、蒸したてを黒酢に千切りの生姜を合わせたタレで皮を破らないようにして食する。

本場上海のものは、「小笼包子《シァオロンパオズ》」という。日本式の読み「ショーロンポー」では通じない。上海のものは、小さな肉まんのようで皮も薄くはないが、それはそれで旨いと思う。

このタイプの小品は、飲茶《やむちゃ》の部類に入る。ご存じの通り、飲茶の発祥は広東で、普通話《プートンホア》では「広东茶点心《グアンドンチャーティエンシン》」という。

名古屋の、飲茶で有名なさる中華料理店でこれを注文したら、「蒸したてとは程遠い、冷めた品が出た」と友人が言う。別の有名店でも同様だったとか。「客が品良く食べられるように、わざわざ冷ましてから運んでくるのに違いない」と友人。中国人の客だったら、店員を呼び付けて「すぐ作り直せ！」と、怒鳴るかもしれない。実際、上海の料理店で冷めた料理にお目にかかったことがない。

中国人は、冷えた料理は体に良くないと代々教えられているようで、温かい料理が彼らの常識。キンと冷えた冷酒、ビールなど、本来は中国人の好みではないはずだ。

冷麺（冷面《レンミエン》）など冷たい料理もあるが、常食はしないのが一般的である。ただし、アイスクリームやフラッペ、アイスコーヒーなどの類は、料理ではないから構わないそうだ。

■29 餃子（饺子《チアオズ》）のはなし

小さな店の調理人は、自分たちの食事にたっぷり時間をかけられないのが習慣になって、早食いが多い。営業時間内の賄い食の、平らげ方の早いこと。どっかりと腰を据えて、皇帝気分で飲み食いする客とは、食事の風景が違う。温かいご飯に、水をぶっかけて流し込むコックも見かけた。お茶漬けサラサラの中国バージョン。中国人は冷えたものが嫌いなので、冷飯に湯をかけるという逆はしない。「水掛けめし？　そりゃ東北《トンペイ》だろう。おれたちはやらない」と、上海人コック。東北人《トンペイレン》を見下げてはいないか。その傾向はあると思う。

中国人コックからすると、日本人の食べ方にも理解し難いものがあるという。それは、「ラーメン・ライス」「炒飯・ラーメン」。次に「餃子・ライス」。主食をおかずに、主食を食べるのがワカラナイ……と。彼らの食事風景は、おかずがあって主食を食べることが基本。だが餃子も主食の部類とは知らなかった。

家庭料理の餃子は確かに大型で、主食型だ。

中国人にとって、餃子はもっともポピュラーな家庭料理の一つ。中国の新年の、大晦日の年越しに、家族揃って、親戚も呼んで食べる定番料理が餃子。家族総出で、餃子を作る。分厚い皮で包んだ大きな餃子を、大皿に盛り上げてみんなで食べながら新年を迎える。硬貨を仕込んだ餃子に当たった者は、幸運な年になる。

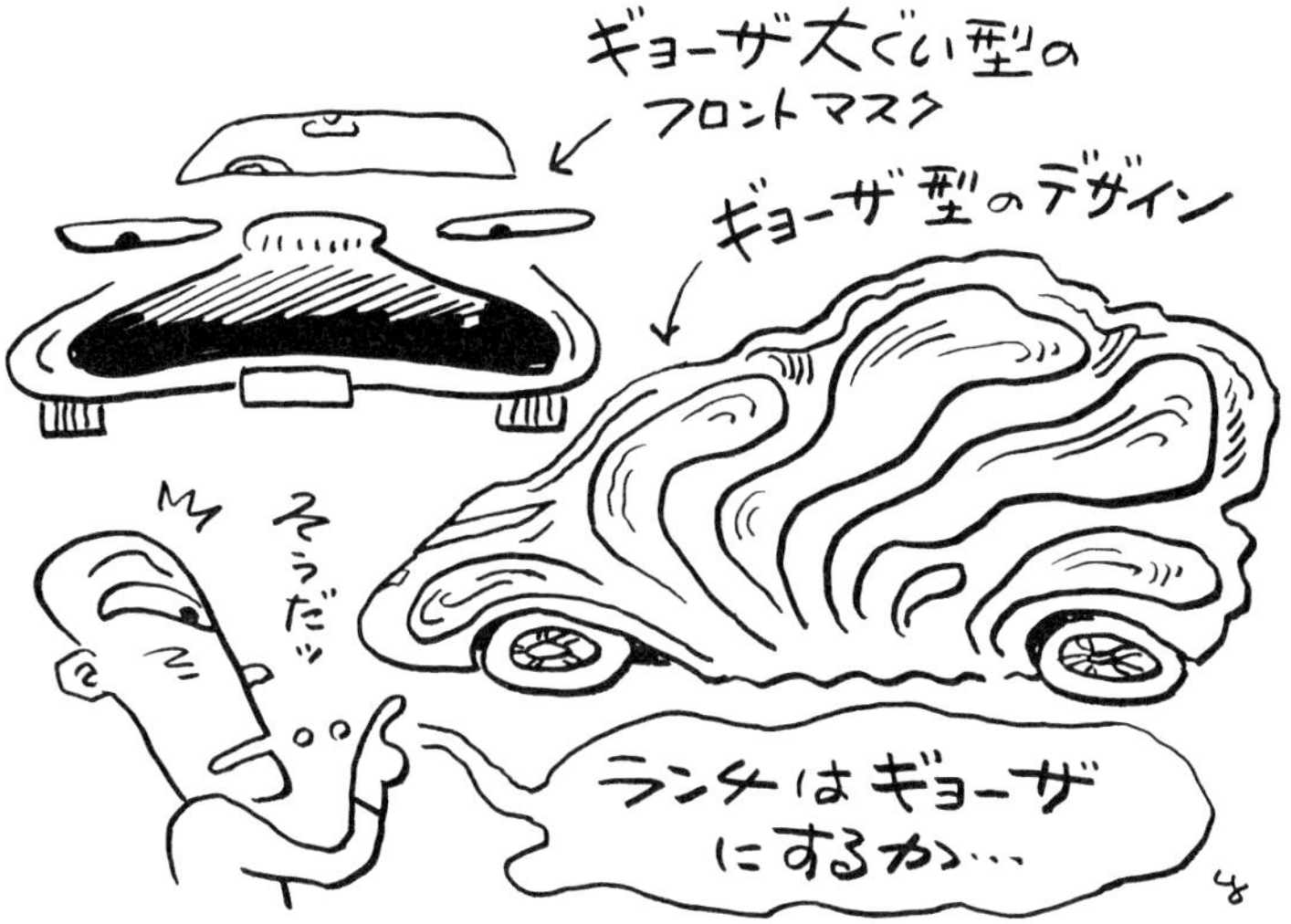

点けっぱなしのテレビでは、新年にかけての恒例番組「素人芸コンテスト」をやっている。

餃子というと、日本では焼き餃子が一般的だが、中国では水餃子や蒸し餃子が一般的だ。焼き餃子もあるが、「余った冷凍餃子を使ったケチな食いもの」と、鼻で笑う上海人もいる。

さて、二〇一五年春、「上海モーターショー」で、中国市場に的を絞った中国生産の日本車が発表されたが、各社とも「餃子みたい」なデザインに見える。

■30 上海料理（上海菜《シャンハイツァイ》、沪菜《フーツァイ》）

中国四大料理というのは、北から、北京料理、上海料理、四川料理、広東料理である。それぞれ、多くの周辺地域の料理を含めたものを指す。上海料理は上海の中だけの料理ではなく、安徽、江西など多くの地域の料理を意味するという。

上海料理は「本帮菜《ベンバンツァイ》」とも呼ばれている。魚介類や農産物が豊富な江苏州《ジャンスーチョウ》、浙江州《ツージャンチョウ》の料理が源流という説もある。また、二〇世紀以降は、フランス料理やロシア料理、それらに使われる調味料も広まり、その影響も幾らかあるともいう。

上海では、中国のあらゆる地域の料理をはじめ、日本料理、西洋料理など、ほとんどの外国料理を味わうことができる。

その中で上海料理を特定することは、かなり難しいので、よく知られているものを、幾つか紹介するに留める。

ガイドブックで、上海料理の筆頭に挙げられるのは「上海蟹」だろう。上海蟹の和名は「チュウゴクモズクガニ」、中国名は「中華絨螯蟹《チョンホワロンアオシエ》」だが、日本では「上海蟹《しゃんはいがに》」、中国では「大閘蟹《ダージャシエ》」と呼ぶのが一般的である。

日本人観光客は食べるが、上海在住の日本人は、日本からの客のリクエストに付き合う程度ではないかと思われる。上海蟹が泥水に漬かっている生け簀を見ると、どうも食指が動かないのだが。

「小籠包《シアオロンパオ》」も発祥は上海。「焼き小籠包（生煎饅頭《シエンジエンマントウ》）」もある。日本の中華料理店でお馴染みの「青椒肉絲《チンジャオロウス》」も上海料理だ。鶏（鸡）料理では、「富貴鸡《フークエジー》」や「糟鸡《ツァオジー》（三黄鸡《サンホワンジー》の蒸し物）」など。

麵料理では「上海焼きそば」や、焦げ目ができるほどパリッと焼いた焼きそば「両面黄麵《リャンメンホワンミエン》」がある。また、薄切りの餅を炒めたのが「炒年经《チャオニエンチン》」。麸《ふ》を使った料理も色々ある。

上海沙拉《シャーラー》はサラダ。

■31 「もどき」料理も絶品

十数年前、上海近郊で菓子製造を営む日本人Cさん一家のお世話で、上海近郊の水郷で知られる町をあちこち訪れた。

手の空いている家族の誰かが、中国語が話せないぼくに付き合って、小旅行を共にしてくれた。今思い出しても大変な面倒をかけたものである。食事も三食とも一緒で、一流料理店に案内していただいた。

旅立つ前に、「自分たちは菜食主義だが、平気か」と聞かれた。絵を描くのが目的なので、食事の選り好みなどなかった。そこで「ご心配なく」と答えたものの一瞬、不安がよぎったのも事実だ。

ちなみに、「菜食《ツァイシィー》」という呼び方もあるが、一般的には「素食《スーシィー》」という。

中国語の「野菜《イエツァイ》」は、食用になる野草のことで、日本でいう「野菜《やさい》」は菜《ツァイ》とか蔬菜《シューツァイ》などという。

さて、菜食というと、野菜だらけの食卓風景を想像されそうだが、実際にレストランで、その品々を味わってみると、想像したものと違って、普通の料理に負けない豊かな内容のものだった。

菜食と言うだけあって、Cさんと家族は、肉類や魚介類は一切口にしない。だが卵は食べる。酒・タバコはやらない。

Cさんたちが、なぜ菜食主義なのか、どういう考えに基づくものなのか、知りたいところだが、プライバシーに関わることなので、Cさんが話してくれない以上、聞けなかった。それは宗教上の制約ではなさそうだった。

Cさんが案内してくれたのは、名の知れたホテルのレストランか、街の高級とおぼしき店だった。Cさんは達者な中国語で、店の給仕長を呼ぶと、何やら指示して、菜食専用のメニューを持って来させた。それは、高級中国料理店で見かける厚手のメニューで、開くと料理名が、びっしり記されていた。

運ばれた料理を眺めると、どこが「菜食料理」かと目を疑うものばかりで、普通の中国料理と見かけに違いがなかった。食欲をそそる美味しそうな匂いと、出来たての湯気、じゅうじゅうという音。彩りも見事。草食動物の餌のようなイメージは、これで覆された。

Cさんは、「調理の油は植物油だけかどうか、調味料やスープ類に魚介類や肉類、動物の骨は使っていないか」と、どの店でも、念を押すと言う。

料理を口に運ぶと、肉や魚介類と同じ食感なのに驚いた。肉、魚、海老・蟹などの食感をもたらすのは、豆類や大豆蛋白、豆腐とそこから派生した湯葉やおから、あげ、豆乳、そして麩《ふ》など。巧みにアレンジし、調味料もさぞや工夫しているのだろう。

食卓には、牛肉、豚肉、鶏肉、海老や蟹などさまざまに、味も姿もそっくりな「もどき」料理が盛り付けられていた。とはいえ、日本にも「カニもどき」なる蒲鉾《かまぼこ》の一種があるし、大豆蛋白から作られる「肉もどき」もあるから、それほど驚くには当たらないのかもしれない。

見事なコピー料理ではないか。まさに中国人が得意とするコピー文化の一つに数えてもいいと思う。

この手の料理は、どこの店でも出すわけではないと聞く。今改めて行こうとすると、新しい情報を集める必要がある。ぼくは十数年前に、上海料理の圏内で、こうした料理に出会ったが、他の地域にもあると思う。

また、「菜食《ツァイシィー》」は菜食主義の人ばかりでなく、健康や美容上の理由から、愛好する人も少なくないと聞いた。ぼくは半月近く、毎三食、こうした料理で過ごしたが、不満を感じたことは一度もなかった。むしろ、機会があれば、もう一度、これらの料理をじっくりと味わってみたいと思う。

■32　普通の日本人なら敬遠する料理

一般的に、日本人は中国の食材に信頼感を持っていない。養豚業者が病死した大量の豚を川に捨てたが、それを拾う業者、賞味期限が切れた鶏肉を日本に輸出した業者、毒餃子事件――などが日本で報じられて、中国からの食品を敬遠する向きが多い。

また、野菜類や畜産にも、多くの成育剤や添加物が使用されている、というイメージが強い。

実際、マーケットで見ると、信じられないほど大きなジャガ芋、トマトなどが目にとまる。丸々と太った豚や鶏。ホルモン剤のせいではないか、と疑う日本人も多い。真実は不明で、伝説に過ぎないのかもしれないが、普通の日本人なら、買うかどうか思案するに違いない。

「いちいち考えていたら、食べるものがない」と、上海で生活する日本人は言う。

とにかく、帰国時の土産が悩みの種となる。お菓子など食品は、相手に喜んで貰えないのが現状だろう。相手が受け取っても、すぐにポイ捨てにするとは、よく耳にする話。

さて、一般的に、日本人の口に合わないかもしれない中国料理を考えてみた。断定するものではないが。まず臭豆腐《チョウドウフ》。発酵させた豆腐である。好きになる人もいるが、強烈な匂いがするものもある。試しに、一番強烈なものを頼んだら、服務員《フーウーユエン》が顔を料理からそらし、鼻をつまんで運んできた。その匂いは、まさに悪臭そのものだった。南国のドリアン、日本のクサヤといい勝負か、それ以上の悪臭だ。口に入れてしまえば、結構、味わい深い。

上海・七宝老街《チーパオラオジェ》に「老街臭豆腐《ラオジェチョウドウフ》」の看板を掲げた店があって、ここの臭豆腐は地元で評判だという。腐乳《フルウ》というのも臭い。「卤煮《ルーチュー》（苦汁《にがり》）」は豚のホルモン鍋で味は濃厚。北京人は食べるが、上海人は好まないらしい。「羊杂湯《ヨンザータン》」は羊の内臓のごった煮。炒め物もある。羊肉が苦手なら、なおさら食べられないだろう。

「鸡爪《ジーチャオ》」は別項でも触れたが、鶏の足首から先の部分を揚げたもの。山盛りのこれは、奇怪な光景にも思える。食べる習慣がない日本人にとって、ゲテモノと映るだろう。わずかな肉と皮を、歯でせせるように食べるが、残骸が山のように積まれていく

さまは、見てはいけないものを見てしまったという感じがする。

中国人は「こんな旨いものを、どうして食べないのか」と言うが、ぼくは遠慮する。鶏は地面を脚で引っ掻いて餌を捜すが、これは「財運、福運を掻き込む」に懸けて、上海でも正月の縁起物料理として食べる家庭が多い。トサカ（鶏冠《ジークァン》）は食べない。

「犬肉（狗肉《ゴウロウ》）」は、上海の街では、大っぴらには出さないが、地方では料理として出すことがある。「猫肉《マオロウ》」は、また聞きだが、場末の露店で、籠に子猫をいっぱい入れて売っていたという。ペットではなく、客が注文すると、売り子の少女が首をはねて、袋に入れて渡したという。信じがたいので、都市伝説の類かもしれない。

豚足（猪蹄《チューティー》）は、中国では一般的な食べもの。腕ききの調理人が料理すると、まったく臭みがなく旨い。

生きた蛸を出す店もある。足を切って出すが、まだ生きていて、口に入れると口腔内のあちこちに吸盤が吸い付いて、面白いという人もいる。衛生面から考えると、子どもには食べさせない方がいいように思う。食べてお腹を壊した子どもを知っているから。

露店で、「煎餅果子《ジエンビングオズ》」という中国式クレープを焼いているのを、よく見かける。卵を落とし、ソーセージ、ねぎ、香菜など包み込む。具は客の注文次第。ソースは味噌系で、中辛である。出勤時に食べながら歩く人が多い。

在住日本人は「露店売りの食べ物」を信用しないので、横目にちらっと見て敬遠するようだ。

■33 上海でも喫煙は肩身が狭くなった

上海のほとんどの料理店は禁煙で、日本と変わらなくなった。「禁止吸烟《チンチーシーイエン》」の貼り紙がなくても、日本と同様、店内は禁煙が常識となった。喫煙室がある店もある。店頭に灰皿スタンドが置いてあるので、ここで吸う。日本と変わらない。

喫茶店では分煙のため、店内に間仕切りをして、愛煙家に対応している。日本では、朝なら「モーニング」を注文、店の新聞各紙に目を通すのが普通だが、上海の喫茶店には、備え付けの新聞は置いていない。

「モーニング」に相当するのは、メニューから選ぶ「ブレックファースト」。これは店のサービスではなく、有料。新聞を読む客もいるが、これは客の持ち込み。ほとんどの客は、パソコンやタブレットを操作しながらコーヒーを飲んでいる。携帯で、辺り構わず声高に話し込む客も少なくない。

　高級マンションが集合する地域では、ベーカリーを併設する喫茶室も多い。好みのパンを選んで、レジでコーヒーなどを注文する。小さな店では禁煙。大きな店では、パン売り場と喫茶室とを間仕切りして、喫煙できる所もある。

　日本で禁煙とされている場所は上海でもほぼ同じと思って間違いない。日本の都市では、禁煙地区とされている所でうっかり吸うと罰金だが、上海では今のところ聞かない。

　上海では、くわえタバコで歩く人が相変わらず多いが、歩道のごみ箱には灰皿が付いていることと、まめに道路を清掃しているので、地域にもよるが、以前ほどポイ捨ての吸い殻が見られなくなったようにも思う。

中国のタバコの銘柄では、北京製の「中南海《チョンナンハイ》」がポピュラー。「小熊猫《シャオションマオ》」「紅塔山《ホンターシャン》」「玉渓《イーシー》」など雲南のタバコも人気。上海製では、「喜」の字を横に並べ一字にした双喜字《ソワンシーツー》をデザインに使った「紅双喜《ホンシュアンシー》」が空港免税店などで手に入る。赤の地に金文字と、中国人好みの縁起がいいデザインだ。

他にも、高価な「中華《チョンホワ》」や、国慶節に合わせて限定発売される「熊猫《ションマオ》」といった銘柄がある。

■34 紹興酒《シャオシーンジョウ》あれこれ

紹興酒《シャオシーンジョウ》の「紹興（兴）」は地名から来ている。上海の隣、浙江省の紹興。杭州から南西に約五〇㎞行った所。ここに紹興酒の酒造会社がいっぱいある。ここも水郷で、街の中に

水路が走る。水が良質とか。

上海に近い水郷にしては、流れる水がきれいだ。紹興酒の原料は、もち米で、杭州湾の南岸は稲作地帯である。

寒い冬の夜は、体も暖まって紹興酒が格別旨いが、爽やかな五月の夜風だって、紹興酒が合っている。ところで、熱燗にして、氷砂糖や黄ざらめを杯に入れてジワジワ溶けてくるのを味わう、という飲み方がある。「これが本式の飲み方」と威張る人がいるが、地元の通は、こんな飲み方はしないという。

上海に紹興酒をメインにする居酒屋がある。例えば古北路《クーペイルー》・黄金城道《ホワンヂンチャンタオ》を西へ。少し歩くと、北側に「紹興酒」の看板が厭《いや》でも目に入る。「紹興酒場妃香館古北店《シャオシーンジョウチャンフェイシャングアンクーペーディエン》」である。紹興酒と一口に言っても、酒造会社がいろいろあるそうで、通の上海人なら「どの蔵元のものが旨いか」で議論百出するだろう。「一番旨い紹興酒は、手作りの味を残した某蔵元」と聞いたが、あまりの旨さに酔っ払い、蔵元名を忘れてしまった。

この店の紹興酒は、魯迅《ルーシュィン》の著作にちなんだ「孔乙己《コンイージー》」ブランドの花彫《ホワディアオ》（瓶《かめ》に入れた紹興酒を三年以上土中に埋めて熟成させたもの）で、三年もの、五年もの、一〇年もの、一五年ものの四種類がある。紹興酒は何を飲んでも同じ味だと思っていたが、瓶出しのものは、やはり旨いと感じた。

この店は語学学校からの帰りに、いつも通りかかって、店の裏にも看板が出ていることも、前から知っていたが、上海に商社マンとして駐在している義理の息子が、「紹興酒を飲むなら」と案内してくれたのがここ。この店では、蔵元から運んだ瓶《かめ》を置いていて、注文するとそこから汲んだ紹興酒を出す。

ボトルキープならぬ瓶のキープもできる。店員に名前を告げると、「熱燗？　オンザロック？　常温？」と客の好みを聞き、瓶から柄杓《ひしゃく》で薬罐《やかん》（？）に注いで持ってきてくれる。通は「常温《チャンウェン》に限る」と言う。

魯迅が紹興の街を舞台に著した短篇小説『孔乙己』では、入り口に向かって、U字形のカウンターを置いた居酒屋が描かれていたので、この店でもそうかなと想像したが外れた。入ってみると、どこにもある居酒屋・食堂のたたずまいで、テーブルが普通に並んでいた。魯迅は、中国では小学校高学年の教科書で学ぶので、中国人なら誰もが知る作家である。

さて、この店には子どもたちも含め、家族連れで行ったことがあるが、料理のメニューも豊富で、英語と日本語の表示もしてあり、写真もついている。日本人客が多いので、味は日本人向きである。日本人駐在員の間ではよく知られた店。オーナーは日本人と聞く。

■35 食卓のマナー

これは、ごく一般的な料理店でのウォッチングだと最初にお断わりしておこう。

仲間同士が食卓を囲んで、飲んだり食べたり、とても楽しそうな雰囲気である。テーブルの上には、次々と料理が運ばれ、隙間がないほどびっしりと並ぶ。中国では、山のように料理を注文するのが客をもてなす作法と考えられているようだ。

客たちは乾杯（干杯《カンペイ》）を繰り返しながら、どんどん平らげていく。それにつれて、食べたあとの食器の小山が食卓のあちこちにできて、それがますます増えていく。料理はさらに運ばれてきて、テーブルの上は、上海の街を上空から眺めたような光景となる。

これが日本の店だったら、誰かがウェーターかウェートレスを呼んで「食器、片付けてくれないか」と言うに違いない。いや、黙っていても店の者がやってきて「お下げしてもよろしいでしょうか」と型通りに声をかけて、空いた食器を下げて行く。

ここが日本と中国の違うところ。店のおねえちゃんたちは知らんぷりで、通り過ぎる。客も気にかけない様子だ。思うに、せっかく客を歓待しているのに、さっさと食器やグラスを下げられたのでは、「歓待の雰囲気が壊れてしまうではないか」といったところだろうか。

聞いたことを思い出した。中国では、食卓についた客は「皇帝」なのだ。日本では、客の方が店員の顔色をうかがって「あのー、スイマセンが」などと妙に卑屈そうにいうのが都会人のマナーだと思っている人が少なくないが、中国人から見ると「アホか！」ということになるのだろう。

店の者に聞くと、「客が下げてくれと言わない限り、食器が山のようになっていても片付けない」とのこと。「これは習慣なのです」という。客は皇帝なのだから、仰せがなければ勝手に手が出せない。

真っ白なテーブルクロスで、口をぬぐっている客もいる。皇帝だから許されるのだ。床の上に、鶏の骨とか料理の堅い部分を平気で落とす客もいる。「テーブルの下の床が汚れるのは、料理がおいしい証拠」と今も考えているのだろうか。客が去った後、服務員《フーウーユエン》たちが素早くやって来て、テーブルや椅子、周辺の床の上を、何事もなかったように開店時の状態に戻す。この手際の良さには、いつも感心してしまう。

以上は高級料理店の話で、大衆的な料理店となると、これとは違う状況となる。つまり、食べ終わるやいなや、店員がどんどん使った食器類を運んでいく。まだ食べ終わっていないのに、下げようとする。なんで？　答えは簡単、「早く仕事を終えて帰りたい！」。客を皇帝などとは思っていないのかもしれない。

■36　歩きながら食べる

日本でもハンバーガーやホットドッグを食べながら歩く光景は別に珍しくない。若者ばかりでなく、大人もやっている。コンビニの店頭では、「ジベタリアン」諸君が、即席麺をすすっている。

上海に限ったことではないが、中国でも朝の出勤時など、手に持った何かを口に運びながら歩いている人をよく見かける。大体は、露店で売っている簡単な食べ物で、上海ではクレープ状のものに具を挟んだものが多いようだ。「地雄《ディータン》」といって路上で作っている店もある。具は色々とあって、好みのものを注文する。

「路旁小吃《ルーパンシャオチー》」というのは、文字通りの意味で、道端でちょっと腹ごしらえをすること。「ご飯食べた？」は日常の挨拶だが、笑いながら「ルーパンシャオチー」と答えることもある。

「歩きながら食べる」は、中国語で「一辺儿走《イービエンアーゾウ》」「一辺吃《イービエンチー》」という。即席麺のような器に入れた麺をすすりながら歩く妙齢のご婦人を見たことがあるが、これも取り立てて珍しい光景ではないらしい。

食べ終えて空いた器や箸はというと、上海の中心街や住宅街では道にゴミ箱を設置しているので問題ないが、地方の街では道にポイだという。清掃する人が回ってくるので、ゴミがそのままになっていることはないというが……。

しかし、年老いた親は、こういう光景を苦々しく思っている。家庭では「食事は椅子に腰掛けて食べなさい」「歩きながら食べてはいけない」と母親が口喧《やかま》しい。これは「礼貌《リーマオ》」（礼儀、マナー）として教えられるが、大きくなると聞かなくなるらしい。いずこも同じである。なお、上海では二〇一四年から「地下鉄の中で、ものを食べてはいけない」という法律が施行されている。

■37 コンビニ弁当

上海もコンビニがひしめく街である。「方便店《ファンビエンディエン》」とか、「便利店《ビエンリディエン》」とはコンビニ店のことである。一九九六年にローソンが進出して以来、国営の店、外国資本の店が雨後《うご》の筍《たけのこ》のような勢いで出店、コンビニ激戦地となっている。

国営の「好徳《ハオドゥオ》」、台湾に本部があって日本資本も参加する「ファミリーマート」、「セブンイレブン」など、二〇〇七年には、すでに四〇〇〇店のコンビニがしのぎを削っていたという。二〇一五年七月現在の上海のコンビニは、総合計で八六四〇店もあるという。一九九六年までの食糧の配給切符の時代が信じられない上海である。

どんな品揃えで、他店を制するかは、日本と同様、コンビニ各チェーンが頭をひねるところ。もともと、弁当を買うなどという習慣がない中国で、弁当を流行らせたのはコンビニだといわれる。なんと「おでん」もあって、若者たちにも人気があるという。

さすがに日本のおでんとはダシが違い、現地の味覚に合わせてあるし、具もなんとなく中国風だ。おでんは上海にコンビニが出現してから、弁当、海苔巻きずし、おにぎりと並ぶ上海のコンビニ商品になっている。

目下、爆買いに代表されるように、「日本製」に対する信頼感と人気は相当なものだ。そこで、ライバルチェーンに差をつける秘策を伝授すれば、商品構成をそっくりそのまま、日本のコンビニと同じにすることである。店員も当然日本人。商品価格は高くなるが、それでも今なら売れるはずだ。

さて、弁当に戻るが、中国では「盒饭《ハーファン》」とか「便当《ビエンタン》」という。コンビニ弁当を流行らせるため、発売当初に「弁当早食い競争」を催したチェーンもあった。優勝賞金は二〇〇〇元《ユエン》だったという。弁当が市民の間に定着したことで、車で弁当を売る商売も登場した。店売りの弁当屋も現われた。日本での弁当の歴史が上海で繰り返されている。

■38 大衆料理店の店員の食事風景

これは日本の大衆的な中国料理店での光景だが、上海でも、その他の街でも同じようなものだと思う。

店内で昼食や夕食の時間が一段落すると、店のコックやホール担当の店員たちが集まってきて、空いたテーブルを囲んで食事の時間となる。いわゆる「賄《まかな》い」である。みんなが一緒に食事をするところがいい。ただし、上海では「いただきまーす」はない。大体、そういう言葉も習慣もない。

店内にはまだ客がいるので、料理の注文や勘定を担当する者が、順番で決まっている。

大方、若い者がすばやく席を立って、客に対応する。

大きな鉢や皿に盛った「賄い」のおかずが数種類、テーブルの中央に置かれ食事がはじまる。賄いの料理は日替わりで、顔馴染みになると、客にも食べないか、と誘いをかけてくる。メニューにはない料理が多い。鶏の脚の唐揚げなど「おいしいよ」というが、慣れないと食べられない。

その他、何か分からないものも登場する。食事中に「これは何？　あれは何？」と聞くのは、マナー違反のような気がして毎回は聞けない。

食事風景を観察すると、椅子に横座りしたり、足を組んだり、肘をついて食べたり、それぞれ勝手気儘にやっている。ご飯を盛りに行った帰りに、歩きながらもう食べている者もいる。

日本人の目には行儀が悪いと映るが、仕事の仲間同士、おしゃべりしながらの食事は、かけがえのない楽しいひとときである。

自分が使った食器は自分で洗い場に運ぶのがルールらしい。食事が終わると、誰かがきれいにテーブルを拭く。

昼休みは客が引いた二時過ぎから、開店の五時前ぐらいまで。買物に行ったり、散歩に出かけたりの自由時間だ。大方の店員たちは、夜遅くまでの仕事なので、昼寝をする。

Shanghai

第5章

中国語について

■39 「中国語」とは言わない

ぼくは中国語の学習を始めて、まだ数年にしかならない。今も勉強中である。これから書くことは、「中国語の勉強を始めたばかりの頃、まず知りたかったこと」である。

ひと口に中国語といっても、学習者以外に、その概念を知る人は意外に少ない。

中国語とは、北京語（北京方言）であると思っている人がいる。この考え方は正しくもあり、正しくもない。ここで言う中国語というのは、中国全土で使われる共通語のこと。「漢語（汉语《ハンイー》）」と呼ばれるもので、ぼくたちが日本で学習しているのがこれだ。

しかし、「中国で話されている言葉が中国語」と言ってしまうと、広大な中国の、地域ごとの方言も、すべてこの中に入ることになってしまう。上海語や四川語、広東語、福建語などの方言は、その地域でしか使われない言葉で、それぞれ別の言葉と考えていいほど異なる。

いわゆる中国語というのは、共通語の「普通話《プートンホア》」のことで、人口の大部分を占める漢族が話す「汉语」のことである。中国人は「中国語」という呼び方をしない。その人の出身地の言葉と区別して、プートンホアと呼ぶ。

「汉语」にも方言が色々で、お互いの話が通じないほど、かけ離れた言語のこともある。そこで普及したのが、共通語としての普通話である。出身地が異なっても、普通話で会話すれば、コミニュケーションがとれるわけだ。

この「普通話」は、北京語がベースの一つになっているが、北京語そのものではないという。学校教育などで、広大な中国全土の、どこでも通用するように普及しているといわれる。また、香港や台湾はもとより、世界各国のチャイナタウンでも通用する重要な言語である。

■40　漢字の下にあるローマ字は何？

上海には、中国四大方言の一つといわれる上海語があって、上海人同士はこの言葉で会話することが多いが、当然ながら普通話も使う。しかし、上海でも歴史的に古い下町などでは、上海語しか使わないお年寄りもいると聞く。

さて読者の中には、中高生の頃、学校で漢文を学習された方もおられることと思う。漢字だらけの中国語を身近に感じるのは、漢文のお陰もあるだろう。

しかし現代の漢語（汉语《ハンイー》）では、古くからある漢字を簡略化した簡体字《かんたいじ》が使われている。中国語の学習を始めると「この字の元は、あの漢字か」と驚いたり、感心したりすることがある。一九五六年の「漢字簡化方案」の公布で、漢字字形の簡略化が進められてきたという。中国人と筆談する時、相手が書く漢字が読めなくて戸惑うのは、そのためだ。

「中国人とは筆談できるから楽だろう」と考えるのは甘い。理解できるのは、ほんのわず

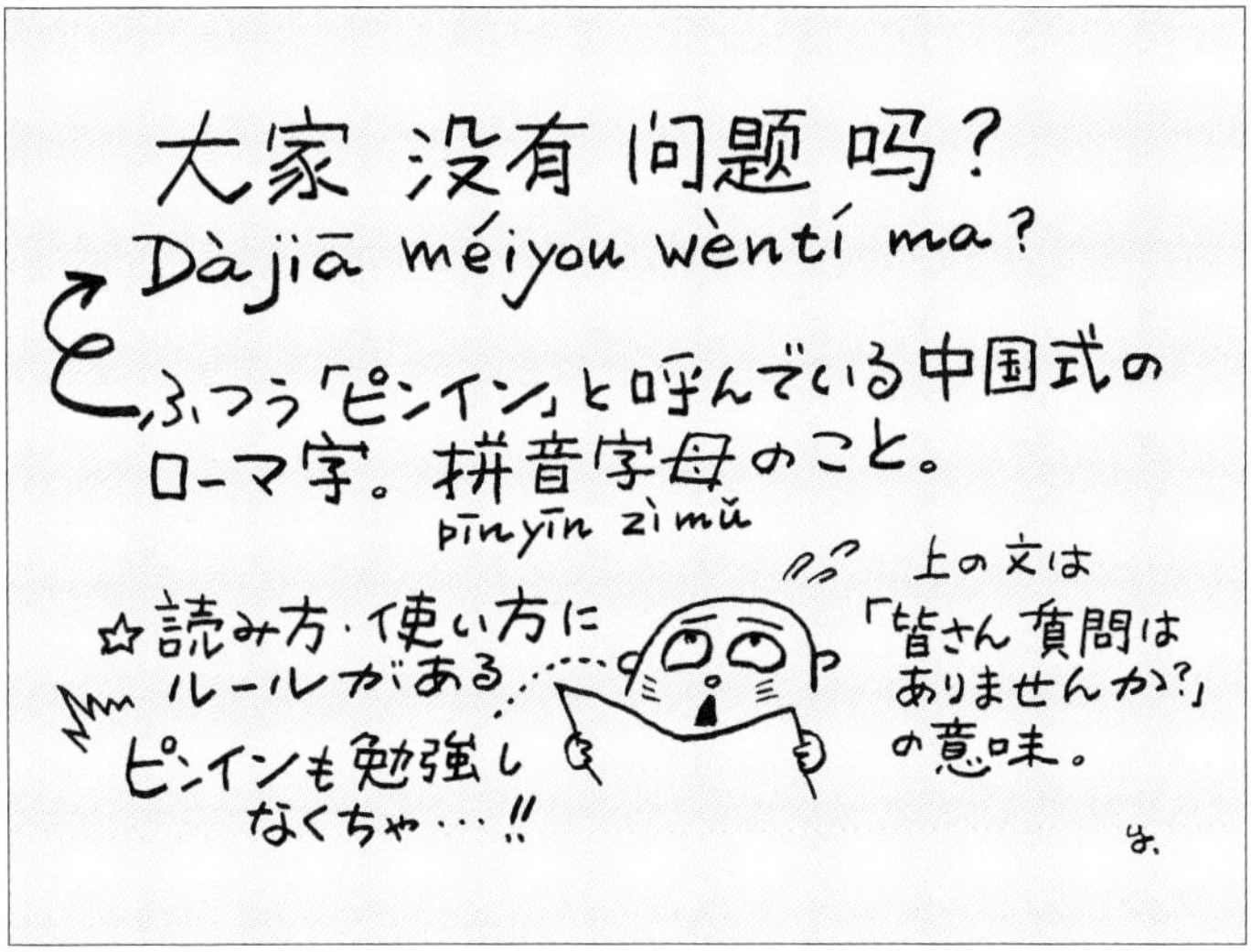
大家 没有问题吗?
Dàjiā méiyou wèntí ma?
ふつう「ピンイン」と呼んでいる中国式のローマ字。拼音字母のこと。
pīnyīn zìmǔ
☆読み方・使い方にルールがある
ピンインも勉強しなくちゃ…!!
上の文は「皆さん質問はありませんか?」の意味。

かな部分に過ぎない。

それから、現代の「汉语」は横書きだ。初級の中国語を習う時、漢字の下にローマ字が付されているが、あれは、通称、ピンインと呼ぶ中国式ローマ字を使った発音表記で、一九五八年に制定されたもの。漢字ばかりの汉語を学ぶ中国の小学生低学年の児童や、初めて中国語を学ぶ外国人などにとって、漢字を読む上での道標である。

ピンインには、発音する上で重要な母音の上に、四声と呼ぶ四つの声調符号のどれかが付けられ、これで声調を表す。符号がないのは、軽声と呼ばれるものである。このピンインも、読み方にルールがあって、学習の最初にきちんと学ばないと、正しくは読めない。

中国語の正しい発音を覚えさせるために、ピンインの読み方を徹底的に教える、という学習方法もあると読んだことがある。中国語を学んだことがない人が、アルファベットが並ぶピンインで書かれたノートを見ても、それが何語なのか見当もつかないはずだ。

■41 学校で中国語を学ぶ

街の語学学校や教室は実に多い。上海でも、日本の都市なみにタウン誌が溢れるほど発行されていて、目を通すと結構面白いし、役に立つ。

日本人スタッフが編集している誌面には、求人広告から文化教室の広告、趣味のサークル、県人会、スポーツチームへの勧誘など、日本のそれと変わらない。その気になれば、日本人が手がける編集業なる仕事も、海外で結構あることが分かる。中国語が分かれば、上海でもメシが食えるということだ。

語学学校の生徒募集の広告も負けずに多い。「上海に来たばかりの駐在員に特化」「ビジネスマンのための語学クラス」「大人も子どもも通える中国語教室」「発音矯正」等々、きりがないほど。

中国語を学ぶ主婦は多い。語学学校ばかりでなく、大学のエクステンションで学ぶ人も少なくない。最近では中国との国際関係の親密化が進むロシアや東欧、アフリカ諸国からの人たちも目立つ。

学習についての情報は、タウン誌ばかりでなく、上海滞在が長い日本人主婦に尋ねると、評判の良い講師がいる学校を推薦してくれるかもしれない。

語学学校へは、「声調とピンインの読み方」「文型の基礎」など、自分が特に学習したいテーマをリクエストすることもできる。初めての中国語から、次のステップへ、またHSK検定試験などの準備など様々なコースがある。

マンツーマンのクラス、少人数によるクラスなどいろいろあるので、学校に出かけて相談すること。自分の実力の程度、それに合ったコースの選定などのアドバイスを受ける。

■42 語学学校の様子

ぼくは娘のアドバイスで、教え方がいいと評判の語学学校へ通った。とはいえ、住んでいるわけではないので、上海を訪れるたびに、一週間から一〇日間、午前中に授業を受けている。九〇分授業が標準だ。ぼくは数年間、毎日、ＮＨＫのラジオ講座で、中国語を学んできたが、ネイティブから直接学びたいと考えていた。

日本のカルチャーセンターの教室にも一年間通ったが、受講者のレベルにばらつきがあって、学習密度が低いように感じたので、また独学に戻った。

さて、中国に来て最初に感じた衝撃は、中国語の少々の勉強ぐらいでは、「相手に、ほとんど通じない」という事実である。相手が言っていることもチンプンカンプンだ。「今までの勉強は何だったのか」という落胆も大きい。

さて学校の講師は女性が主だが、これが、やわではない。コーヒー片手の授業だが、教

え方は相当厳しい。ぼくの場合、マンツーマン授業だったが、最初の頃はテキストなしのフリートーク。そこから生徒の理解度などを読み取るようだ。そしてだんだんと難しくなっていく。

たとえば、

「教室の窓から何が見えますか」

「ベランダがあって、そこには鉢に植えた赤い花と黄色の花が見えます」

簡単なようだが、構文上の要素が必要なので、初心者ではすらすらとは答えられない。

講師の間では、ぼくのことを「こんな高齢者が勉強に来るなんて珍しい」と話題になったという。「失礼な!」。だが、ますますやる気になってきた。

学校の受け付けは、普通、日本人受講者に対応するため、愛想が良くて日本語がまあまあできる女性担当者を配置している。しかし、講師には、日本語を期待しない方がいいだろう。英語で説明できる講師も中にはいたが、これも期待はできない。

授業が終わったあと、別のクラスを見学にいった。そこでは日本人の奥さん方が六人、中国の現代文学を読んでいた。レベルはかなり高い。テキストを一人数行ずつ読むのだが、発音チェックが厳しく、講師が「よろしい。次の人」と言うまで、繰り返し読んでいた。

あとで受講生のひとりに聞くと「自分の実力不足が情けなくて泣けてくることもある。ここで諦めたらおしまいだから、頑張る」と言われた。学習態度の本音に共感を感じたものである。

授業は緊張もあって疲れるが、雰囲気が良く、講師たちや職員と仲良くなって、とても楽しかった。

■43　学習の挫折

張り切って学習のドアを開いた途端に挫折することもある。まずは、声調の学習から始めるのが通常だろう。声調は四つある。第一声は単調な調子の音、第二声はぐっと上がる音、第三声はぐっと下がってから少し上がる音、第四声はすとーんと下がる音。これを「ma（マ）」で練習する。

雀の学校のチーチーパッパのように、クラス全員、声を揃えて「まー、まー、まー、まー」と、何度も繰り返す。これはまだ我慢できる。それから、母音の発音。二重母音、三重母音とすすんでいく。さらに子音と母音を組合せた発音へ。

日本語の場合、口を大きく開けなくても、大方は発音できるし、話もできる。中国語は違う。

大きく口を開いたり、唇をすぼめたり、口を横に引いたりと、口元が忙しい。舌も、先端を前歯の歯茎に当てたり、口の中のどこにも付けずに発音したり、口の中でスプーンの形をつくって発音したりと、これまた忙しい。うまく形ができているかどうか、講師が口の中を覗き込むこともある。うまく発音できないと、できるまで生徒にやらせる熱心な講師も多い。これで、もうげんなりして、自己嫌悪に陥ることがある。

中国語には、有気音と無気音がある。カタカナで表記すれば同じだが、区別して発音しないと意味が違ってくるから、その練習も大切だ。教室では、ティッシュペーパーを指でつまんで、口の前にさげる。有気音は口から息を強く吐き出すから、紙がゆれる。無気音は紙がゆれないように発音する。

大の大人としては、勉強の第一歩だとしても、人前で行うのはきまりが悪い。講師に顔を寄せられて口元を観察されると、気分は最悪である。教室では、全員が一斉にやるから、できるのだが。

とにかく、学習の初歩段階は、恥も外聞もない。なまじっかプライドがある人は、この辺りで厭《いや》になるかもしれない。始めたばかりなのに「中国語は自分には向いていない」と、もう勉強を投げ出す人もいると思う。ぼくも、その経験がある。

■44 頑張るか、諦めるか

ラジオで中国語講座を毎日聞いて、さらに中国語教室に通うこともあるだろう。ある程度の自信をもって教室に行くのだが、生徒たちは、質問にどんどん手を挙げて、見事に答えていく。上には上があるものだ。

こちらは、講師に当てられてもうまく答えられなかったり、トンチンカンなことを言ったりで、目もあてられない。新入の生徒なので、どの程度の実力があるかと他の生徒が注目する、その視線が痛い。

前にも書いたが、語学の教室では、誰もが他の受講生のレベルがうんと上で、自分の力不足を痛感するものだという。「受講者心理はそんなもの」という。気にせずマイペースで学習することが大切といわれるが、それがなかなか……。

中国の大学で日本語を専攻してきたという女性講師に付いたことがある。講師が、日本語に自信たっぷりだった場合、日本語の解釈にこだわって、どうでも良いと思われることに固執《こしゅう》して、辟易《へきえき》したことがある。

■45　ぼくの中国語学習

日本の中国料理店で、店員の中国人に「ニーハオ」とか「シエシエ」「サイチエン」などと、中国語通ぶって声をかける日本人のおじさんは結構多いが、そのほとんどは声調が間違っていて、まともな中国語になっていない。

店員は、さぞ笑いを噛み殺していることだろう。つまり、中国語の基本を学んでいないと、初歩の初歩のような中国語でさえ、正しく話せないということである。

前に書いたアホらしいような基本の反復練習は、実際に、学習上、すぐに直面する壁なのである。こういう壁は学習が進むにつれ次々と現われ、立ちはだかる。中国語の学習は、まるで万里の長城を行くようなものかもしれない。これらの壁を越えていくうち、中国語の姿が、おぼろげにも見えてくる。こうなったら勉強は苦ではなく、楽しささえ感じるようになるだろう。

ぼくの先生は、NHKラジオ第二放送の中国語講座である。基礎編の『まいにち中国語』は、朝は毎日、夜の再放送もなるべく聴くようにしている。「レベルアップ中国語」も聴くように心がけているが、時間帯がぼくの仕事に合わない日は、パスする。

『まいにち中国語』の中でも、改めて再放送された三宅登之先生の「めざせ！発進型の中国語」のシリーズが一番好きで、CDも繰り返して聴いた。ユーモアも交えたクリアな語りで、コンビを組まれた男女お二人の中国人の先生も、実にさわやかで、楽しく勉強ができた。

ぼくの勉強法は、その日に習ったテキストをノートに書くことで、ピンインも声を出して、中国語の文につけていく。漢字を書くことで、独特の簡体字《かんたいじ》を覚えるようにする。ラジオ講座は一五分だが、ノートに書いて復習するのに最低一時間半はかける。その時、講座のCDを聴きながら、ノートに書く。

日本の小学生が字を覚えるための漢字ドリルというのがあるが、上海の書店には外国人が漢字を覚えるためのドリルのような本がある。考えてみれば、中国語を学ぶ欧米人も多いわけで、書き順などが分かる中国語版ドリルで学習しているに違いない。

中国人の知り合いと話をする時に試せるように、その日に学んだ中国語の中から別の小さなノートに、幾つかの構文をメモしておく。また発音が微妙にわからない単語もメモして、彼らに会った時、確認するようにしている。

中国料理店のオーナーで、気のおけない中国人の知人、友人が何人かいるので、店がひまな時間に出かけて、テキストを読んで、発音をチェックしてもらう。彼らが知りたい日本語もあるので、逆に教える。お互いさまというところである。

上海では、短い滞在でも、午前中は中国語教室に通う。午後は、街にスケッチに出かける。描いていると、見物の人が色々と話しかけてくるから、実地の勉強になる。「誰にでもニーハオしなくていい。描くことに集中しなくちゃ！」と、娘に叱られる。

ぼくの中国語に相手が首を傾げたり、相手の言っていることが分からないことも少なくない。まだまだ勉強不足なのだ。

■46　学習の星、劉《りゅう》セイラさん

ＮＨＫラジオ講座『まいにち中国語』を聴き続けておられる人とアニメに詳しい人以外に、劉《りゅう》セイラさん（本名：劉婧犖《リウチンルオ》）の名を知っている人は少ないと思う。

ぼくが劉さんの名を知ったのは、三宅登之先生のラジオ講座『まいにち中国語』の「めざせ！発信型の中国語」シリーズが最初。二〇一三年四月から、再放送は翌年九月から、六カ月放送されたシリーズである。

劉さんは三宅先生のパートナーとして、季軼倫《りーいつりん》（リー・イールン）さんと中国語の担当者として出演していた。番組では、ほんの時たまだが、劉さんたちが三宅先生と日本語で言葉を交えるシーンが設定してあった。

劉さんのおしゃべりは、ほんの数秒だったが、「この人は日本人に違いない」と勝手に想像していた。劉さんの日本語の話し方は、達者どころではなかった。日本人だとしても、声優を思わせる完璧なものを感じたのである。

テキストに記された劉さんの経歴を読むと、「北京出身で、北京外国語大学卒業、日本でバイリンガル声優として活躍中」と紹介されていた。本当に声優だと知って驚いた。日本語に堪能な外国人も、よく聴くと、どこかに微妙な外国訛りがあることに気付くが、彼女にはそれがまったくない。

最近、『中日新聞』の「海外だより」という囲み欄に、北京で講演した劉さんのインタビュー記事が載った。それによると、彼女は幼い頃から日本のアニメを観ていて、「中国人が日本の声優を目指してもいいのではないか」との夢を持ち、日本の大学に留学、日本語を習得して、声優専門学校でも基礎を学んだという。

つまり猛勉強の成果として、日本人声優に負けずに活躍しているというわけだ。とても真似はできないが、学習への熱意と、夢を実現する姿勢は尊敬に値する。

逆に日本人でありながら、中国人と変わらぬ中国語で、中国人も魅了した李香蘭《リイシャンラン》を思い起すのである。

■47 COFFEE／COLAが通じない

米国へ帰国する途中、天候不順のため、予定のトランジットができず、やむをえず上海で二〜三日過ごすことになった在米の長女の話。

外出して、街の洒落たカフェテラスで寛ぐことにした。ボーイに、コーヒーと子どものためにコーラを注文する。英語で言うと、これが通じない。首を傾げたボーイは仲間を呼ぶ。テーブルを囲んだ彼らの議論が始まった。

その結論から運んできたものは、コーヒーとは似ても似つかぬ品。コーラはまだ「?」のまま。

子どもが、ナプキンにコーヒーカップとコーラのボトルの絵を描いて見せる。また議論。「紅茶？　ココア？　ボトルの絵はミネラルウォーター?」。注文の品が運ばれるまでに、随分時間がかかった。

「コーヒーとコーラに一時間近くもかかるか！　信じられない！」と、一年前のことを、まだ怒っている。

最近の上海では、英語がかなり通じるようになったとはいうが、まだまだの感じがする。ぼくも、日系のデパートなら大丈夫だろうと、試しに、売場の責任者に、地下鉄の乗り場を尋ねたら、まったく通じなかった。

ましてや一般の飲食店では、まだ無理のようだ。観察すると、中国語が話せない客には、店員が、英語の記載もあるメニューを開いて、注文したいものを指すよう、身振りで説明していた。

さて、コーヒーとコーラだが、英語発音で通じそうなものだが、これが通じない。英語発音と中国語発音では、明らかに違う。

中国語では「咖啡（kāfēi：カーフェーイ）」と「可乐（kělè：クァールァー）」。発音が難しい母音「e」が二つもあるコーラの方が厄介だ。kěは「クァ」と呼んで、三声。lèは四声で、二つとも音が下がる。乐（楽）も「ラ」ではなく「ルァー」と難しい発音。

彼女は、上海浦東《プートン》空港で、国際線が天候不順のため足止めされ、乗客たちが大混乱した修羅場を体験した上、街で簡単な注文が通じなかったことが重なり、上海の初印象は良くない。「この街には住めない」と言う。たかがコーヒーとコーラの注文の話だが、言葉の難しさを、改めて考えさせられたのである。

■48 「一三時（一三点《シーサンディエン》）」ってなんだ

上海人の若者たちの会話に、しばしば登場する単語に「シーサン ディエン」がある。初めて耳にした時は、まったく意味不明。辞書にも載っていない。会話の区切りに、ひっきりなしに「シーサン ディエン」を連発するので気になって仕方がない。思い余って書いてもらうと、ニヤリとして「一三点」。日本語なら「一三時」で、これは分かる。そのどこが可笑しいのか、ワカラナイ。そこが知りたい。

うんざり顔で説明するには「時計は一二時まで刻んであるのが普通だろ。時計を考えてみろよ。一三時まで刻んであったら、アタマがいかれているだろ。キレてるってことだよ」。

関西のお笑い芸人が連発する「アホ」に似ている。「アホ」は、軽い調子で言えば、深刻な罵倒語《ばとうご》ではない。掛け合いでは、言葉の間に意味なく挟む。こちらも意味もなく可笑しい。「二三点」も、こんなふうに使えば、上海人同士の会話が盛り上がるのだろう。

子どもの口喧嘩にも使われることがある。大人の口論にも登場するらしい。強い口調で言えば、相手への罵倒語にもなる。「アホ」とやっぱり似ている。罵倒は中国語で、なんと「トンマ」という。漢字は「痛罵」。

ついでに語感が愉快な中国語を紹介しておく。

日本語では、調子を聞かれて「マアマアだ」という答え方がある。これに発音が似た中国語があって笑える。「马马（馬馬）虎虎」と書いて「マーマーフーフー」と言う。

辞書によれば「不十分ながら良い」とあって、別に面白くもないが、口に出して言ってみると可笑しい。「你好吗《ニィハオマ》（元気）？」と聞かれて「马马虎虎！」と答えると、親しい間柄なら、笑ってくれる。

「部屋の中がぐちゃぐちゃ」の、「グチャグチャ」は「黏黏糊糊《ニエンニエンフーフー》」。黏は粘の字も用いる。

戦後の日本のヒット曲に、高峰秀子が歌った『銀座カンカン娘』（一九四九年）という軽快な曲があるが、「カンカン」っていうのはなんだろう。カンカン照りとか、カンカン帽、カンカン踊りなどが思い浮かぶが、カンカン娘というのが分からない。とうの昔に議論され、結論が出ているのかもしれないが、ぼくには依然として謎のままだ。

語感が似ているものに「ブラブラ歩く」という意味の「逛《グアン》」があって、これを重ねると「逛逛《グアングアン》」で、「ちょっとブラブラする」になる。カンカン娘にぴったりだと思うのだが、見当外れかもしれない。

他に、「看看《カンカン》」がある。意味は「ちょっと見る」。「看看！」と言えば「ちょっと！」「ちょっと見て！」というような意味。カンカン娘を中国語由来と考えるのはカン違いだろうか。ちなみに「好看《ハオカン》」は「かっこいい」といった褒め言葉になる。

「看」と同意味に「见《ジエン》（見）」があって、どちらも日本の漢字と同じで意味も同じ。中国語の話し言葉では「见」を使うことが多い。通常、「见」は単独では述語にならない。

「见」を使った中国語に、「见好《ジエンハオ》（元気そうになる）」「见老《ジエンラオ》（老けて見える）」「见面《ジエンミエン》（顔を合わせる）」などがある。

「お久しぶり！」は中国語で「好久没见《ハオジョウメイジエン》！」。これを口に出してみると、中国語を話しているような気分になるから不思議。「スミマセン、申し訳ない」の意味の「不好意思《プーハオイース》」も、中国語を話す気分は上々。

日本の漢字世界から見ると、「えーっ」と思う中国語漢字は、一冊の本になるほど多いと思う。そのさわりを……。

「走《ゾウ》」は「走る」ではなく、古語・慣用句を除けば「歩く」の意味。「走る」は「跑《パオ》」。

吵《チァーオ》は字面から「口数が少ない」の感じがするが、その逆で「騒々しい、うるさい」などの意味。「吵醒《チァーオシン》」は「騒がしくて目が醒める、起こされた」の意味に使う。

それに対して「黙れ！」は「閉嘴《ビーズエー》！」。嘴《くちばし》は口《くち》のことで、現代語では単独で使うことは少ない。書き言葉以外は「嘴」を使う。日本語にも「嘴を挟《はさ》むな」という言葉があるが、口のことを嘴とは言わない。夫婦のことを「两口《リャンコウ》」。それは確かに、なるほどね。

騒ぐ子どもに母親が「ビーズエー！」と怒鳴っているのを聞くと、語感が面白くて思わず頬がゆるむ。

■49 日本語を話すために

留学生などではなく、日本の中国料理店で働く中国人は、片言ながら日本語を話す勉強をしている。学校などで習った人もいるだろうが、そうしたゆとりがない人は、どのように学ぶのだろうか。耳から覚える方法もあるだろうが、実は、日本語を覚えるためのポケット本がある。

たとえば『马上开口《マーシャンカイコウ》——说日语《シュオリーイー》』（東南大学出版社）。「すぐに話せる——日本語を話す」というようなタイトルがついている。

この本では、中国人がすぐに日本語を口にすることができるように、日本語の「読み」に中国語の漢字を当てた音訳語で構成しているところがみそである。たとえば「こんにちは」は「考恩尼奇瓦」と当てている。

日本語には中国語にない音があるので、その辺は工夫している。延ばす語は「—」、半角の「っ」は「×」と記号を使う。アンダーラインも使う、など。

しかし、表字通りに読むと、日本人の耳には奇妙な日本語になってしまうものが多い。中国語にはピンインや声調符号があるので、外国人の初心者もなんとか読めるが、日本語はこういった表音がむずかしいので、中国人の初心者は苦労すると思う。

むしろ、片仮名を学習することを前提として、ルビをふった方がいいように思う。だが「橋《はし》」と「箸《はし》」などのイントネーションの違いはどうするのだろうか。

外国語の音訳で有名なものに、ご存じの「可口可乐（楽）」がある。コカコーラ（商標）である。最近は、外国語を何もかも音訳するのではなく、「CD」「DVD」などのように、そのまま表字する傾向があるという。

第6章

在上海日本人の生活

■50 日本人駐在員の家庭

上海の住所に「花園《ホワユエン》（園）」とあるのは、中・高級マンション群が一画を占める地区である。地上三〇階前後の高層マンションが建ち並ぶ光景は、規模からいってシンガポールを凌駕していると思う。日本人、韓国人、欧米人と、中国人富裕層がすむ「花園」は上海にいくつもある。

正面ゲートには「保安《パオアン》」と呼ぶ警備員の詰め所があって、不審者をチェックしている。基本的に棟ごとに駐車場があるが、それだけでは足りず、敷地内通路にも車を停めている所もある。雨の日には歩行者は難儀するし、子どもも安心して棟の外に出られない。

敷地の指定外の場所に勝手に駐車すると、保安がやってきて車輪をロックする。来客用の駐車場は基本的にはないので、勝手に停めた訪問者と保安とが大声で怒鳴り合うというトラブルになることが多い。訪問者は、入門時にゲートで保安と相談することが一番だ。

敷地内には子どもたちが遊んだり、住民が一休みするための公園がある。棟と棟の間は手入れが行き届いた芝生が張られ、木々が植えられて、緑の景観づくりがなされている。

マンションは2～4ＬＤＫが標準で、大体トイレが二カ所、またバスルームとは別にもう一カ所、シャワールームが設けられていることが多いようだ。生活空間は想像以上にゆったりとしている。

浄水設備がある高級マンションもあるが、それ以外では蛇口から出る水は飲めない。そこで、飲料水の確保のために、大容量のボトルを業者に運ばせる家庭が多い。生野菜などは、この水を使って洗う。炊飯や調理に使う水も家族の健康を考えて、やはり飲料水を使う家庭が多いと聞く。

上海の一般庶民は、蛇口からの水を沸騰させてから、さまして飲んだり、お茶を煎れて飲む。

シャワーや入浴にはベランダに設置された大型温水器からの湯を使うが、その容量には限度があるので、好きなだけ使うことはできない。次に使う人への配慮が必要だ。それこそ湯水のように使えば、後の人は寒い時期に水風呂や冷水シャワーで我慢することになろう。

ゴミは、可燃ゴミ、不燃ゴミと大まかに分別、大きなゴミ袋に入れておくと、大方のこのクラスの家庭が雇っている通いのお手伝いさん（阿姨《アーイ》）がゴミを集める場所へ運んでくれる。

■51 スクールバス

幼稚園や小学校へ通園・通学する子どもたちは、親か親族に付き添われて、それぞれ幼稚園・学校の専属バスが到着する場所へ行く。黄色の車体に園名、学校名が書かれていて、バスから保母さんとか担当者（阿姨《アーイ》）が降りて、同伴した大人の顔を確認して、子どもたちを手際よく乗車させる。子どもがどのシートに座るかは決められている。

朝夕のバスの集合場所では、各園・各校のバスが次々と到着、出発を目まぐるしく繰り

返す。まさにラッシュアワーだ。子どもと付き添いの大人たちも、同じようにせわしない。この付き添いだが、子どもの安全のために義務づけられているもので、親とか祖父母、または家庭のお手伝いさん（阿姨）が行う。

中国では、日本でいう保育園はなく、これに相当するのは託児所となる。幼稚園は「幼《ヨウ》儿园《アーユエン》（園）」という。

ところで、今まで母親と過ごしていた日本人の幼児が幼稚園に入園すると、環境の急変で、馴染むまで時間がかかる園児も多い。とくに地元の幼稚園に入ると、すべて中国語の環境になってしまうからである。

家庭では阿姨から中国語の手ほどきを受け

ているにしろ、日常会話は日本語である。だから、教室でも泣いたり、先生に反抗してまったく口を開かなかったり、わざと机を壁の方向に向けて、先生を手こずらせる子もいる。

しかし、子どもの環境への順応性の早さには舌を巻く。またたく間に中国人の友達ができ、中国語を使って遊ぶようになる。子どもの世界だから、意地悪をしたり、されたり、あるいはいじめもあるかもしれない。それを乗り越えるのも、発育の過程で避けられないことである。

やっと幼稚園に馴染んだ孫が、幼稚園で覚えたという唱歌を口ずさんでいた。

パパもママもお仕事にいく
ぼくも幼稚園へいくよ
ぼくは泣かない（我不哭《ウォプクー》）
みんなを困らせないよ
先生や友だちにごあいさつ

こんにちは、こんにちは

こんな内容の歌だったと思う。

家での、この子のニックネームは「ウォプクー」になった。

■52 日本人主婦

夫の赴任によって家族で上海に暮らす日本人主婦は、専業主婦がほとんどだと思われる。小学生の子どもがいる主婦の毎日を聞いてみた。

日本人主婦の朝は、上海でも忙しい。六時前後には起きて朝食の準備をする。家族の健康を考えると、朝の食卓に野菜は欠かせない。

健康意識を持つ主婦は、食材の安全性にはかなり敏感になっている。とくに現地の野菜は、農薬、成長促進剤が健康に悪影響を及ぼすほど使われているかいないかが、心配のタネとなる。

日本で報道される中国の食材に関する報道は、日本のメディアを通じてすべて知るところとなる。

野菜は近くのスーパーで豊富に並んでいるが、異常にサイズが大きな芋類、トマト、あるいはスイカなどを見ると、二の足を踏むのは当然だろう。そこで、値段が張るのは承知の上で、日系スーパーで購入することになる。「いちいち気にしていたら、何も食べられない」と言う人もいるが、そういう人でも、中国の食材を一〇〇%信用しているわけではない。

朝食が終わって、主人を送り出すと、子どもたちの通園・通学時間で、スクールバスに乗せるまで付き添う。バスの到着時間が子どもごとに異なる場合は、主婦は自宅と集合場所とをあらためて往復する。朝の家庭はいずこも喧騒のるつぼと化す。

大手の商社マンで現地の責任者の場合、主人は迎えの車でオフィスへ出かけることが多いが、朝の大渋滞を考えると地下鉄が速いと、利用する人が少なくない。

中国人家庭の場合は、夫婦がそれぞれ仕事を持つことが普通で、夫婦は自分たちの出勤準備に追われ、朝食の準備や子ども（当時の一人っ子政策でほとんど一人）の世話まで手が回らない。そこは阿姨《アーイ》とか同居の祖父母にまかせている。

■53 主婦の自由時間は

子どもたちを送り出しても、主婦はまだ家事から解放されない。洗濯ものを干す、掃除、飲料水などの御用聞きへの対応と、日本での生活と変わらない。ひと通り家事を終えると、やっと自分の時間。中国語を上達させたい人は中国語のテレビを観る。テレビは語学の先生でもある。

しっかり中国語を学びたいと考える人は、市内に多くある語学学校や大学（日本の大学エクステンション）に通う。実は、日本人主婦は中国語を知らなくても生活に、そう不自由はしないらしい。

例えば、日本人向けのスーパーへ行けば、日本人の味覚に合う料理の材料はひと通り揃うし、自宅まで配達する店もある。こういう店では、日本語がまあ通用する。衣料品、雑貨などは、上海高島屋《ガオダオウー》とか、ユニクロなど日系の店で用が足せるし、英語が使える欧米系の店もある。

とはいえ、下町で買物を楽しむとか、トラブルに巻き込まれた時、また上海文化に親しむなら、間違いなく中国語が必要となろう。

せっかく上海で生活しているのだから中国語を身につけようとか、自分の中国語のレベルを上げようと考える日本人主婦は実に多い。語学学校に見学に行けば、前向きに中国語に取り組む主婦たちの姿を見ることができる。中国語が理解できるようになると、中国人の友人もできて、世界が一気に広がるはずである。

上海には、日本の都市で見られる規模の大きなカルチャーセンターはないが、あらゆる種類の教室がある。地元のコミュニティー紙を開けば分かる。中国茶道、中国料理、中国書道、二胡といった中国文化から、バイオリン、ピアノとほとんどの習いごとができる。

コーヒーショップも今や日本の都市なみに増えたし、ランチを摂るなら好みの店がすぐ見つかるだろう。語学もさることながら、いかに友達をつくるか、も海外生活のキーワードであろう。言葉も分からない、友達もいない、ではメンタルヘルスを損ねてしまうだろう。

さて、自分の時間も、午後四時ぐらいで幕を閉じる。なぜなら、バックパックに宿題をいっぱい詰めた子どもたちがスクールバスで帰ってくる時間だから。この時間の住宅地の周辺は、朝と同様、あらゆる種類のスクールバスと、お迎えの人たちで溢れかえる。「バイバイ、明天见《ミンティエンヂエン》!」の声があちこちで聞こえる時間である。

上海の小学生は、学校から帰っても、友達と外で遊ぶ時間は夕食までのわずかな時間しかない。日本の小学生も同じだろう。はるか昔の、私たちの小学生時代とは大違いである。毎日の宿題が多いし、学習塾やほかの習いごとにも行かなくてはならない。

学校が退けたあとのわずかな遊びの時間は、家族と住むマンションの敷地内の公園で過ごす。国籍が入り乱れての遊びは、さすが国際都市・上海だと思うが、彼らが話す言葉は圧倒的に中国語が主である。日本人の子は、日・中・英の三カ国語を上手に使い分けて遊んでいる。日本では、まだ見られない光景だ。時間はあっという間に過ぎる。

夕闇せまる頃、あちこちで阿姨《アーイ》が叫ぶ「ご飯だよ！」という中国語独特の強い語調の大声が聞こえてくる。「ご飯ですよ〜」という母親の、懐かしくも優しい口調とは、まったく別物の感じだが。

■54 日本車を使ってないから平気だよ！

数年前、上海で反日デモがあった。日本人など外国人が居住する高級マンションの密集地にも、平素は見たこともないデモがうねった。当時、開業したての上海高島屋《ガオダオウー》は、巨大なシートで建物全体を覆った。

この界隈には日本領事館があるので、デモはそこへ向かう。普段は閑静な住宅街が突如として、内乱の戦地と化したのである。

さすが、領事館はしっかりとガードされ被害はなかったが、鬱憤《うっぷん》の矛先は日本車に向けられ、行く手で見かけるとボコボコにした。「所有者は中国人」と大きな字で書かれた紙を車の前後に貼った日本車もあった。それでも被害に遇ったという報道があった。

日本の自動車メーカーの系列企業に勤める日本人に、さぞ大変な目にあっただろうと聞いてみると、「何事もなかった」と言う。「使っている車は、ウチのではなく、アメ車のシボレーですからね」と事も無げに言う。日本の企業が使う車は、社有車ではなく、運転手付きのリースが結構多いとか。経費節約のためには、見積りで安いリースの会社と契約するらしい。

上海では日本の一流企業マンは、自らハンドルを握ることはなく運転手まかせが常識。あの慢性的な大渋滞を、鼻先を擦るように割り込んでくる車の大海の中では、すぐに沈没するだろう。また、人をはねたのが日本人というのが分かれば、ただ事では済まされない。運転を禁じている日本企業は少なくない。

あのデモ以来、上海ではしばらくの間、日本車の姿をあまり見かけなくなったと思うのは、被害妄想なのだろうか。また日本車も、中国のメーカー名のエンブレムをリアにつけるようになった。これは「日本車ではなく中国製なんだ」と、アピールしているのだろう。それでなくても、高級マンションに駐車している車は、圧倒的にドイツ製高級車に占められている。あらゆるタイプのベンツ、BMB、アウディ。ポルシェのセダンタイプやSUVも多くなった。

イタリアのスーパーカーだって、立ち止まって眺めるほど珍しくはない。フランス製のシトローエン、ルノーなど、日本では見かけないタイプもあって、車の雑誌を愛読していない限り、素性が分からないだろう。

レクサスなど、日本では珍しくもないが、上海の街で見かけると、なぜかホッとするのである。どうしても日本車を身贔屓してしまうのである。

この前、スバル・レガシーを見た。これは輸入車である。上海では高級車の部類に入るらしい。乗員をしっかりと守る定評のあるボディー、水平対向のバランスの良いエンジン、4WD、追突を回避する独自のシステムなど、上海の渋滞ハイウェイを乗り切るには「この車が一番なのに」と日本での自分の愛車を身贔屓して勝手に思うのだが。

■55　土日は一家のサッカーデー

上海でも子どものサッカー熱は大変なものだ。数多くの、子どものサッカークラブがあって、日本人の子どもはどこかのクラブに入っていることが多い。人気のクラブは二軍、三軍まである。強いチームは海外遠征まですることがある。

練習は土曜、試合は日曜に行われるのが通例だ。日本の上海領事館のすぐ近くにあるサッカー場は、子どもサッカーのメッカとして有名だ。かなりの人出なので、軽食類やスナック、ドリンク類を売る移動販売車も来る。

ただし、グラウンドは大きな広場のようなもので、雑草が生えていないだけで、よく整備されているとはいえない。

日頃は子どもたちと接する機会がほとんどない企業戦士のパパも、日曜日の子どもサッカーにはすすんで出かける。穏やかな企業人もゲームが始まると、自分の子どもへの応援が高じて、叫ぶ、怒鳴るの別人格に変身する。監督さながらだ。あまりの喧《やかま》しさに審判からイエローカードを切られる親もいるという。

プレーに熱中する子どもたちも、青い目あり、金髪ありと国際的。日本人の子も、髪を染め分けたり、うしろの毛を長くしたり、プロ選手気取りで面白い。

子どもたちは日頃の勉強漬けから解放されて生き生きとしているが、パパにとってもストレス発散の良い一日となる。

グラウンドサイドにはテーブル一体のベンチがあるので、試合が終わると、ママが作ったサンドイッチやおにぎりを家族で頬張る。冷えたビールは、さぞ旨いにちがいない。

■56 お手伝いさん、阿姨《アーイ》

午前一〇時頃、通いのお手伝いさん（阿姨《アーイ》）がやってくる。阿姨というのは、年配の女

性に敬意や親しみをこめて使う呼び名で、お手伝いさんの意味もある。そればかりではなく、幼稚園では、先生（老師《ラオシー》）と並んで、園児の色々な世話をする重要な存在である。
家庭では、幼児は日頃から、世話になっているお手伝いさんの阿姨を「アイちゃん」と呼んで、なついている。アイちゃんは、電動自転車で通勤することが多い。
娘の家に来てくれているアイちゃんは、あちこちをガムテープで補修してハリボテのようになった電動自転車でやってくる。幼児の目からは、仮面ライダーのバイクに負けない、ひどくカッコいい乗り物に見えるらしい。アイちゃんが、それを察して「乗りたいかい?」と言うと、子どもは目を輝かせて「うん!」と言う。ママが飛んできて「絶対乗せてはダメ」とアイちゃんに言う。子どもも叱られる。ぼくが見ても、これは危なそう。アイちゃんは本当によく働く。不必要な話はしない。てきぱきと家事をこなす。子どもが三人もいる家では洗濯物も山ほど出るから、洗濯機は回りっぱなし。乾いた洗濯物をきちんと畳んで整理する。

家にいる幼児の世話をする。アイちゃんは「ウンチは?」「おしっこは?」と中国語で尋ねる。子どもは知らぬ間に「有《ヨウ》(ある)」「没有《メイヨウ》(ない)」とか「等一下《タンイーシャ》(ちょっと待ってよ)」とか、簡単な中国語で答えるようになっていた。幼稚園にあがる前の幼児は、こうして少しずつ中国語を学んでいく。アイちゃんは、中国語の身近な先生でもある。

地元の幼稚園に入園しても、中国人の園児と言葉にそれほど戸惑うことなく、友だちになれるのは、アイちゃんのお陰でもある。今では、この子の中国語はいっぱしのもので、ぼくは彼の前で中国語を使うことが恥ずかしい。

アイちゃんは中国語しか話さないが、生まれも育ちも上海だから、上海語も話す。しかし、聞かなければ教えてはくれない。

中級から高級なマンションが林立する日本人が多く住む古北《クーペイ》地区を散歩していたら、一つの店舗の前に年格好が似たおばさんたちが群がって、店員を囲み迫力満点の中国語（上海語かも）でやりとりをしていた。事件？　喧嘩？　またもや株の大暴落？……違った――阿姨の周旋屋だった。

日本人の人事異動の時期を前に、新たな職探しにやってきた阿姨たちが、少しでも条件がいい家庭をと周旋屋とやりとりしているところだったのである。

そういえば、お手伝いさんのための日本語教室とか英語教室などの広告を見たことがないし、話に聞いたこともない。ほんの少しでも日本語が話せるなら、より良い条件で仕事ができるのに、と思ったぼくはアイちゃんに聞いてみたことがある。「だってねえ、ここは中国だから……」とにべもない返事で、「ごもっとも」と納得したものだ。

だが、実際には、日本人や欧米人の家庭で働いた経験がある阿姨は、片言でも日本語か英語が話せるとか、日本食が料理できる、などということで、ギャラは高めという。

最近は中国の物価はどんどん上がっている。こうした阿姨の相場も高くなっていて、一時間三〇元《ユエン》前後（二〇一五年七月現在）にもなるという。

あとがき

ぼくがこの本を書くきっかけは、商社マンの娘の夫が上海赴任となり、一家をあげて移住したことにある。ぼくは、遊びに上海へ行くだけではなく、魅力あふれるこの大都市をスケッチしたくなった。本書の挿し絵は原稿を書くより先に描いたものである。当初は本を書くつもりはなかったので、「最初に絵ありき」である。

読み返してみると、自分好みのテーマを長々と書いている。文によるスケッチなので、余分なものや間違いがあるかもしれない。笑ってお許し頂ければ幸甚である。描ききれなかった上海の街も山ほどある。これはまたの機会に。

本になるまで、各方面の方にお世話になった。本を出そうと励まして頂いた論創社代表の森下紀夫さんにまず感謝する。そして上海に行くたびに忙しい中、世話をしてくれた次女と家族にも礼を言いたい。中国人の大学留学生、闫《エン》冠《クアン》伊《イ》くんは色々教えてくれたばかりでなく、上海でもスケッチに付き合ってくれた。また上海で出会った多くの人々にも感謝したい。

ＮＨＫ出版のラジオテキスト『まいにち中国語』『レベルアップ中国語』、新井一二三著『中国語はおもしろい』（講談社現代新書）、佐藤正透著『暮らしの中国語単語７０００』（語研）、『現代漢語詞典（第六版）』（中国・商務印書館）、その他を参考にした。

二〇一六年　五月の連休を前に

藪野正樹

藪野正樹
（やぶの　まさき）

1938年、名古屋市生まれ。東海高校、同志社大学商学部卒。新聞社勤務、早稲田大学理工学総合科学研究センター客員研究員などを経て、洋画家に。二紀展に出品。第51回二紀展（1977年）奨励賞、第64回二紀展（2010年）同人賞、第67回二紀展（2013年）準会員賞を受賞。碧南市藤井達吉現代美術館、早稲田大学、中部大学などに作品収蔵。著書に『マニラウォッチング――素顔のフィリピン』（論創社、1986年）、『国際空港の24時間』（ポプラ社、1991年）など。新聞・雑誌などに絵と文を連載した。現在、日本美術家連盟会員。中部大学美術部指導コーチ。中日文化センター講師。

上海スケッチ集

2016年11月10日　初版第一刷印刷
2016年11月15日　初版第一刷発行

絵と文　藪野正樹

発行者　森下紀夫

発行所　論創社
〒160-0022　東京都千代田区神田神保町２－23　北井ビル
tel. 03－3264－5254　fax. 03－3264－5232
web. http://www.ronso.co.jp/
振替　00160－1－155266

編集・組版・装幀　永井佳乃

印刷・製本　中央精版印刷

 ISBN978-4-8460-1572-5 C0026